U0000716

從 30 座 城 市 解 讀 日 本 史

日本城市力

30の都市からよむ日本史

金田章裕 監修
造事務所 編著
徐韻馨 譯

序

從城市的設立與發展看日本史

二〇一七（平成二十九）年，人口超過一百萬的日本城市共有十二個（包括東京都），五十到一百萬人口的市有十七個，十到五十萬人口的市有兩百三十九個。不過，這裡指的是行政單位概念中的「市」，有些地區在過去歷史上並非是單一的城市。而在這些行政單位概念中的市裡，甚至涵蓋了幾個歷史城市。

這些城市當中包括了平安京（京都）這類自古以來的傳統城市，也有像堺市這類起源於中世紀的城市，或是與長崎一樣成立於近世的城市。而近代才成立的城市，札幌就是其中一例。

此外，有些城市是刻意規劃興建而成，有些則是自然形成。有些城市因位於知名寺院神社的門前而發展，有些則因擁有貿易集散地的港口而成為港都。近世有許多基於城郭建設概念而在領主居住的城堡周圍打造的城下町，其中有不少城下町成為後來具有代表性的日本城市的建設形式。另一方面，從幕末時期開始發展的港都，以及明治時代規劃打造的城市也有其歷史意義。

無論是從草創時期到現代的城市規模，或發展成大城市的理由與其背景，每個城市都有不同特色，對現代的城市結構有很深刻的影響。

以包括首都在內的政治中心城市為例，設置地點和街道型態皆與最初成立時日本的政治結構息息相關。不僅如此，這些城市通常也會如實反映設計者或建設者的個人意圖與意向。

城下町是最具代表性的政治中心城市。德川幕府腳下的江戶（東京）與藩領的中心城市天差地別。即使同為藩領，由於數量眾多的關係，也發展出共通性與多樣性等兩種面向。比如說名古屋和金澤都是大規模的藩領城下町，同樣建設在台地邊緣，但名古屋屬於德川幕府御三家①之首的城下町，金澤是外樣大名②最大藩領的城下町，兩者的政治狀況與建設理念大相逕庭。大型藩領也會因設置地點的先天條件產生各種狀況，與小型藩領差異甚大。

一般來說，城市的建設者，也就是城主，其理想抱負與藩領規模都會如實反映在城市性格上，這是城下町最大的特性。不過，那霸由於文化上的因素，因此與上述這些城下町的情況不太一樣。此外，政治變化後的歷史過程也與城市的發達和衰退息息相關。

許多城市是因為港口發展起來的，但各城市發展時期的交易或貿易情形、當時的技術水準和經濟結構各有不同。十三湊與鞆之浦興盛時期的技術水準，使其地理位置占有極大優勢，地區性的政經結構也成為這兩個城市繁榮的主要原因。可惜這些優勢如今已不復存在。

城市的設立、發展與其衰退過程充分體現了地區歷史的動向，進一步述說著日本歷史的演變。

當然，在歷史地理學與都市史領域中，已有許多專家學者針對這些城市進行極為詳盡的研究。每個城市也有各式觀光導覽服務、書籍與歷史博物館等展示設施，只要親自造訪，絕對可以了解得更透徹。

話說回來，無論是想要了解某座城市的概要，然後與其他城市相比，或是學習基礎知識，以深入了解某座城市，都不是一件簡單的事情。

本書就是為了達成這個目的而編纂，不僅內容淺顯易懂，也讓各位在家就能放眼全日本。衷心希望各位能藉由本書，從城市的角度貼近日本歷史。

金田章裕

①除德川將軍家外，擁有征夷大將軍繼承權的三大旁系，包括尾張德川家、紀州德川家和水戶德川家。

②外樣大名。指的是非歷代侍奉德川家的傳統家臣，而是在關原之戰前後才臣服德川家的地方諸侯。只有管理自身領地的權力，沒有參與幕府政治的權力。

目次

札幌

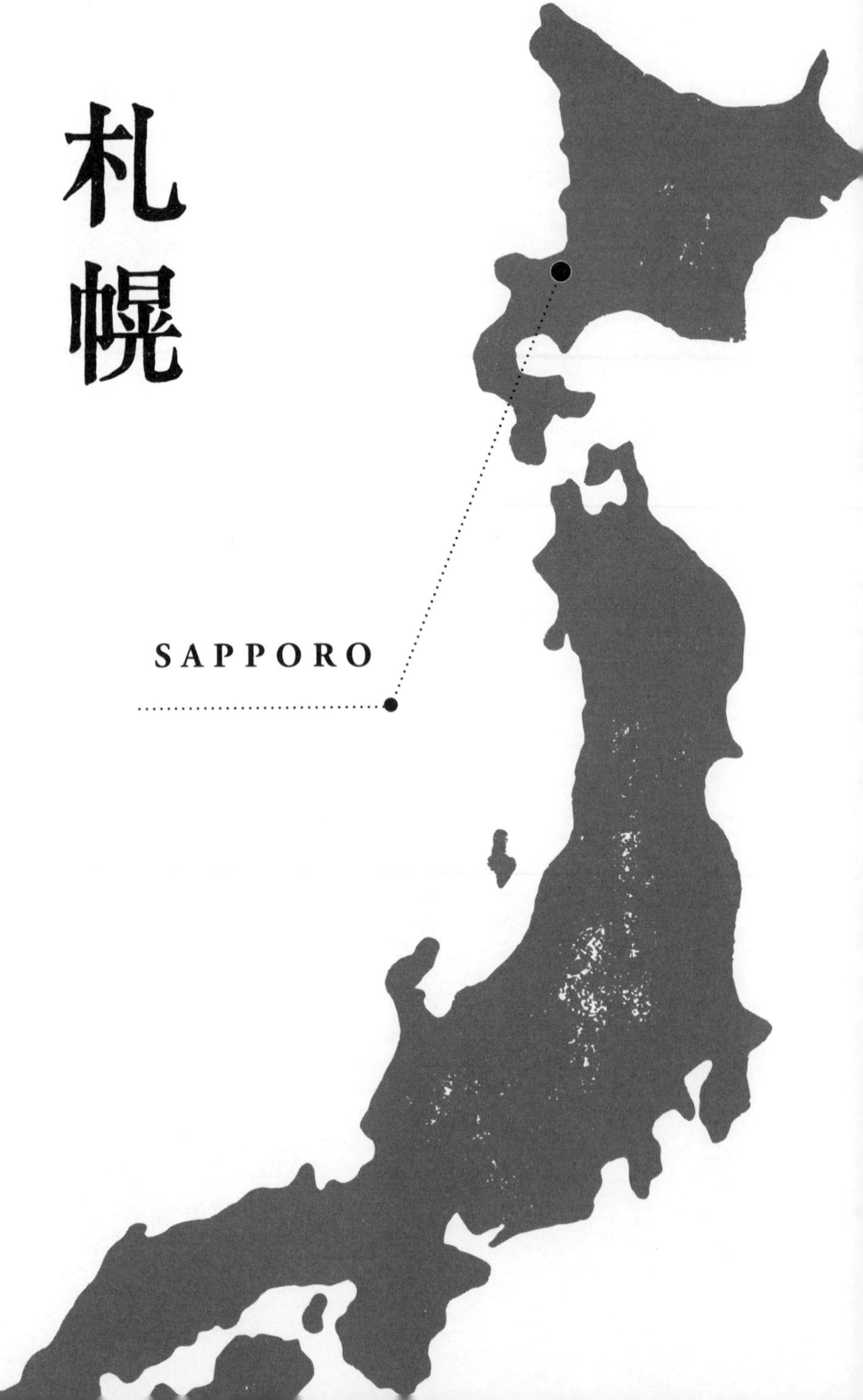

效法京都的棋盤狀都市計畫

北海道過去曾被稱為蝦夷地③，道廳設置在札幌。札幌是從明治時代才開墾的新地。明治新政府為了開墾北海道，以札幌為開發中心設置北海道開拓使。札幌市建設在一片原野之中，以北海道廳舊本廳舍為中心，周邊設置各政府機構、商店與民家，效法京都呈棋盤狀排列。短短一百五十年，札幌市一躍成為日本的重要城市，究竟札幌市與哪些歷史人物息息相關？又是如何發展的？且讓我們一同探索。

③日本江戶時代對於蝦夷人，即今日阿伊努人居住地的稱呼，與大和民族居住的「和人地」相對。

百姓齊心協力開墾原野

道廳所在地的札幌，如今人口超過一百九十萬，是日本數一數二的大城市。但在西元一八六八（明治元）年時還是一片荒涼原野，且有蝦夷地之稱，除了原本居住在此的阿伊努族（Aynu）原住民之外，來自本土的大和民族只有兩個家庭，共計七人。

一八六九（明治二）年，明治新政府正式開墾札幌市，將蝦夷地改名為北海道，並且設置與省同級的行政管理機構，也就是開拓使。明治新政府之所以將北海道納入日本國土，並且加速開拓，其背景有幾個因素。首先是受到明治維新影響，許多失去官職的士族紛紛移居北海道，再者也為了預防俄國人南下侵日，以及在當地開發日本近代化不可或缺的煤炭、木材、硫磺等天然資源。

北海道的地名起源眾說紛紜，其中最有力的說法是蝦夷探險家松浦武四郎曾提出幾個建議。其中之一是因阿伊努族將此地稱為「カイ」（音同加伊），因此提案改名「北加伊道」，同時又參考了東海道等地名，最後決定改稱為北海道。

此外，札幌的地名也來自阿伊努語「サッポロペッ（Sapporope）」。「サッ（Satsu）」是乾涸之意，「ポロ（Poro）」是大的意思，「ペッ（Petsu）」則是河川，

加起來就是「乾涸的大河」，指的是流經札幌市內的石狩川支流——豐平川。

札幌被選為北海道開墾中心有以下幾個原因：第一，松浦武四郎建議在位於石狩平原的札幌設府；第二，函館過去雖是蝦夷地的統治據點，但離接下來要正式開墾的道北太遠；第三，豐平川沖積出廣闊平原（沖積扇），此處最適合建造城市。

雇用外國人並引進高技術力

外國人是開墾北海道不可或缺的功臣。

當時為了引進尖端技術以發展有效率的農業與畜牧業，明治新政府特別邀請時任美國農務長官的開普倫（Horace Capron）擔任開拓使顧問。再經由開普倫的安排，聘請美國農業學者威廉・史密斯・克拉克（William Smith Clark）擔任札幌農學校的校長。藉由聘請外國專家，引進新技術與生活型態，興建包括札幌農學校演武場（俗稱札幌鐘樓）在內的許多美式木造建築。

以「紅磚廳舍」的別稱聞名的北海道廳舊本廳舍，也是開拓使的重要象徵。這座廳舍同樣受到歐美影響，興建於一八八八（明治二十一）年，是一棟採用新巴洛克風格的歐式建築。在此之前，開拓使廳舍是一八七三（明治六）年興建的兩層樓木造建築，使用面積較小。可惜竣工後僅六年就慘遭祝融燒毀，因此才又興建了紅磚廳舍。

仔細觀察紅磚廳舍，會發現裡裡外外有許多稱為「北辰」的紅星記號，代表北極星，是開墾的象徵。只要前往與開墾北海道有關的景點建築時，都會看見這些紅星記號。

紅燈區是開墾荒野的原動力

曾任佐賀藩主的鍋島直正是第一任開拓使長官，鍋島拿出戊辰戰爭④後獲得的部分獎賞作為開墾費用，將佐賀百姓送往北海道開墾。接著任命原本的藩士島義勇為開拓使判官，他後來被譽為「北海道開拓之父」，可見其功績。他選定札幌為開墾中心，並參考京都將札幌市區規劃成棋盤狀街道。

可惜的是，島與第二任長官東久世通禧不合，任職半年多之後，長官便以預算超支為由解雇他。後繼接手的是同為土佐出身、同樣擔任開拓使判官的岩村通俊。岩村將棋盤狀行政區規劃得十分完善，並在紅磚廳舍北邊興建開拓使廳舍。

棋盤狀市區使得札幌街道的地址編列更合邏輯。往東西延伸的大道成為南北方向的基準，大道以北稱為「北〇條」、以南稱為「南〇條」。東西向的基準則是前身為幕府末年開挖的大友堀，後來在明治初期負責輸運札幌物流的創成川。此川以東稱為「東〇丁目」、以西稱為「西〇丁目」。而這些地址就如同當地十字路口紅綠燈旁的牌子上所出現的模式標示，例如「南2　西4」。

此外，行政中心南邊設有紅燈區「薄野」。當時開墾札幌的速度相當快，卻有許多工人忍受不了冬天的嚴寒氣候而逃離北海道。岩村為了留住工人便設立了紅燈區，這就是薄野的原型。換句話說，薄野是札幌發展的原動力。

此外，現在的石山通是當年將石材運送至札幌市區的必經要道。

一八七〇（明治三）年，日後成為第二任內閣總理大臣的黑田清隆就任開拓使次官，並於一八七四（明治七）年升任第三任開拓使長官。黑田清隆開始實施「開拓使

④發生於一八六八～一八六九年，是日本歷史上在王政復古中成立的明治新政府擊敗江戶幕府勢力的內戰。

十年計畫」。在創成川東岸的公家土地興建札幌製作廠，廠內備有機械製材、鍛造、鑄造、木工等各種設備。

不僅如此，更在札幌製作廠旁興建啤酒、醬油、味噌、精油、織物等四十多間官營工廠，所有北海道生產採收的蔬菜、啤酒花等農作物都能在此加工，形成一個大規模工業區。現在的札幌啤酒就是來自於當時設立的開拓使麥酒釀造所。

此外，交通方面開通了函館到札幌之間的札幌本道、札幌到小樽之間的後志道等主要道路。手宮（小樽市）到札幌之間的幌內鐵道，其部分路線也在一八八〇（明治十三）年底開通。

不過，一八八一（明治十四）年，當開拓使十年計畫即將期滿時，黑田清隆原本希望繼續發展開拓使計畫，並計畫將官營工廠便宜賣給民營企業，但輿論認為這樣的做法有賤賣國產、官商勾結之虞，於是群起反彈，賤賣官產的計畫也被迫中止。

這場輿論風暴在該年引發政變，反對賤賣官產的大隈重信，遭到政敵伊藤博文趁隙攻擊，遭免除官職逐出政府。由於開拓使捲入這起事件之中，因此日本政府在隔年廢止開拓使，並將北海道分成札幌縣、函館縣與根室縣。

札幌市地形（上）與明治中期的札幌市區（下）

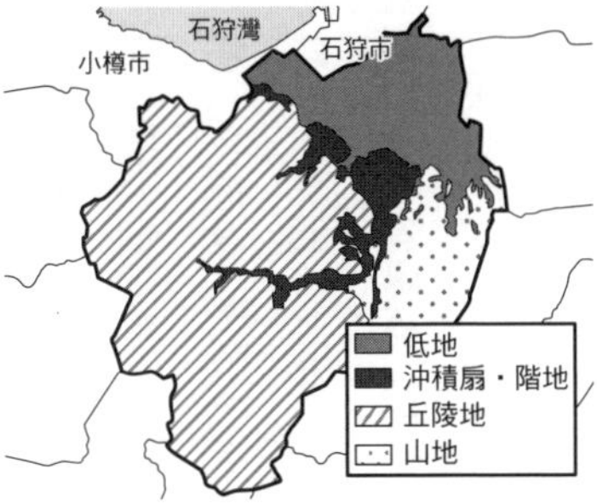

札幌市中心主要設置於豐平川的沖積扇上。

參考札幌市概況（地區特性）繪製而成。

由於札幌市區與以石山通為軸心的地區是分別規劃興建的，因此道路的角度不同。

參考札幌市圖書館數位圖書《札幌市街之圖》（明治二十四年八月〈1891.8〉）製作而成。

主辦亞洲首屆的冬季奧運加速北海道發展

北海道分成三縣之後，日本政府於一八八六（明治十九）年設置北海道廳統合三縣，同時指派岩村通俊擔任首任北海道長官。

第一次世界大戰帶來的繁榮景氣，使日本人移居北海道的風潮達到巔峰。一九一八（大正七）年，中島公園與札幌車站前通舉辦了一場北海道博覽會，慶祝開道五十周年。這場博覽會吸引了道外企業與銀行分行，紛紛進駐包括札幌在內的北海道各大城市。一九二二（大正十一）年，北海道推行市制，札幌與函館同時升格為市。一九四〇（昭和十五）年，札幌市的人口突破二十萬人，超越函館市，成為北海道人口最多的城市。

走過第二次世界大戰的混亂期，一九七二（昭和四十七）年，札幌市主辦冬季奧運，這也是亞洲城市首次舉辦冬奧運動會。為了迎接這場盛大的國際賽事，札幌市規劃了完整的市營地下鐵與地下街等各項設施，形成現在各位看到的札幌市市容。

函館

HAKODATE

與本州貿易往來的北海道窗口

函館自古就是阿伊努人與大和民族群居的地方，也是北海道與本州往來的窗口，在北海道內的城市之中，是最早發展的地區。

函館在幕府末期歷經了對外國開港通商和戊辰戰爭等內亂的挑戰，誕生了歷史遺產。

如今函館已成為全日本最受歡迎的觀光景點，在城市魅力排行榜上經常名列前茅。接下來就讓我們一起揭開這座魅力城市的歷史。

特殊地形孕育出的日本三大夜景

函館位於北海道渡島半島的南端，隔著津輕海峽與對岸的本州相對。由於兩者距離很近而成為北海道的玄關，以港口為中心逐漸發展起來。

仔細看函館市的市民徽章，會發現徽章圖案很像「巴」字。那是因為函館港受到往津輕海峽延伸的海岬環抱，海水深入灣內，看起來很像巴字形，因此以此地形為設計靈感。這也是函館港又稱「巴之港」的緣由。

海岬處有海拔三百三十四公尺高的函館山，是函館的地標之一。從山腳到函館港是舊市區，這一帶有許多紅磚倉庫與兼具和洋風格的函館獨特宅邸，洋溢著特殊風情。

事實上，函館過去是座島。順著海流帶過來的沙土堆積在島嶼和陸地之間，而逐漸形成相連的陸地。這種地形稱為連島沙洲（tombolo）。由於地形平坦的關係，許多人住在此處，形成舊市區。從函館山往下眺望的景色被譽為日本三大夜景之一，函館夜景也是受惠於此地形而形成。

面向函館灣的金森紅磚倉庫有一條綿延至函館山的坡道，其中有一段就是著名的八幡坂，只要走上坡道頂部就能眺望美麗的函館灣，吸引許多觀光客造訪。

⑤奉行的辦公處所通稱為「奉行所」，類似現在的公所（地方管理機構）。

現在的函館市地形（上）與大正初期的函館市區（下）

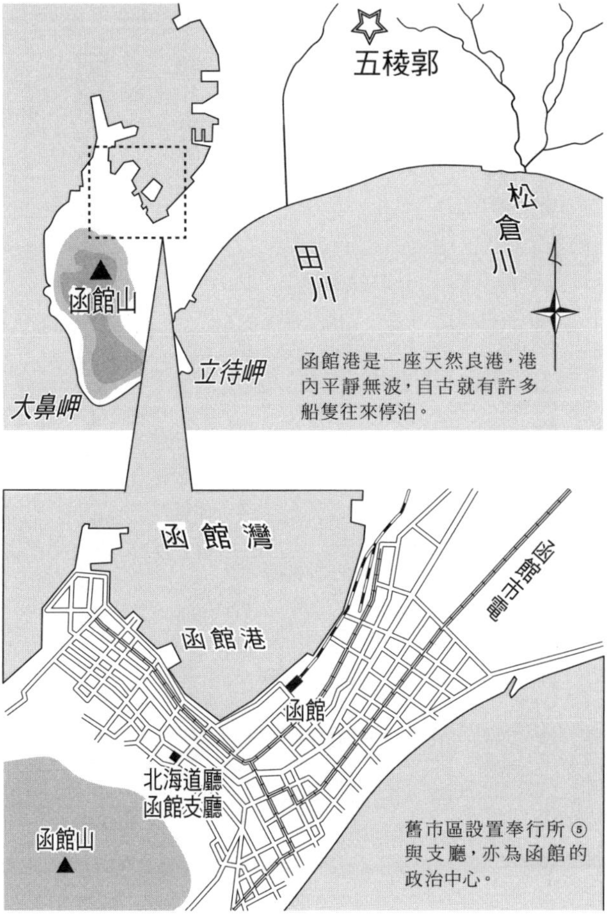
五稜郭
松倉川
田川
函館山
立待岬
大鼻岬
函館港是一座天然良港，港內平靜無波，自古就有許多船隻往來停泊。
函館灣
函館港
函館市電
函館
北海道廳
函館支廳
函館山
舊市區設置奉行所⑤與支廳，亦為函館的政治中心。

參考國際日本文化研究中心館藏《函館市街新全圖：附近郡部之圖》（大正二年）製作而成。

一九一三（大正二）年開始營運的函館市電路面電車，連結起近代建築物林立的鬧區（五稜郭一帶）與舊市區。現在市電總長達十點九公里，每天平均搭乘人次達一萬四千三百人。

阿伊努族暴動成為和人統治北海道的關鍵

明治時代以前的函館稱為「箱館」（讀音相同，皆為HAKODATE）。相傳當時津輕望族河野正通在宇須岸（今函館灣一帶）蓋了外形像箱子的宅邸，故取阿伊努語小館「hak-casi」的諧音，命名為箱館。不過，目前在函館市內共發現六處中世紀阿伊努族的房子遺跡，由此可知，阿伊努族早在和人（非阿伊努族的大和民族族人）之前即已在此地居住。

松前藩的家史《新羅之紀錄》是北海道最早的文字紀錄，裡面寫著一四五七（康正三）年和人曾與阿伊努人發生戰爭，名為「胡奢麻尹之戰」。這場戰役是由阿伊努族首領胡奢麻尹率領族民發動攻擊，襲擊包括箱館在內，來往道南地區沿岸的十二間和人宅邸。阿伊努人雖然占領了包括箱館在內的十間宅邸，但後來繼承松前氏的武田信玄成功射殺胡奢麻尹，並鎮壓了阿伊努人。一五一二（永正九）年，阿伊努人再次攻擊宇須岸的和人宅邸，不過很快就被平定。

江戶時代之後，箱館由松前藩統治。由於蝦夷地無法種米，松前藩便獨占與阿伊努族貿易的權利。十八世紀，松前藩讓商人代理貿易權，再向商人課稅，賺取收入。隨著漁業蓬勃發展，交易量逐年增加，為因應需求，松前藩在松前之外特別指定了江差與箱館為貿易港。除了這三個港口之外，禁止任何港口從事貿易往來。自此之後，北前船⑥開始進入箱館港，蝦夷地的居民可以買到米、鹽等本州生產的物資，同時賣出昆布等當地海產，使得箱館逐漸成為繁榮城市。

一七九三（寬政五）年，俄國陸軍中尉亞當・拉克斯曼（Adam Laxman）一行人前往箱根要求通商，成為首艘駛入箱館的外國船隻。從此以後，外國商船頻繁往來於

⑥江戶時代，寬永年間航行於日本海，經瀨戶內海往來於大坂和蝦夷地之間西迴航路的船舶統稱。

日本近海，江戶幕府開始產生警覺，預防俄軍南下侵略。為了強化北方的防禦能力，松前藩將包括箱館在內的大部分蝦夷地劃入領地，一八〇二（享和二）年設為直轄地，在如今的元町公園現址設置箱館奉行所。

因開港而興建的五稜郭

談論箱館歷史絕對不能漏掉某個人物，那就是江戶後期的商人高田屋嘉兵衛。嘉兵衛以箱館為根基創造巨額財富，除了在箱館湊（舊名為宇須岸）填海開設造船所外，更致力於在當時的函館山植木造林，並修繕道路。

一八一一（文化八）年，發生江戶幕府將俄國海軍艦長戈洛夫寧（Vasilii Mikhailovich Golovnin）囚禁在松前藩的「戈洛夫寧事件」。俄國方面為了打聽戈洛夫寧的消息，俘虜高田屋嘉兵衛，將他關押在堪察加半島。就在此時，高田屋嘉兵衛出面調解俄國與幕府之間的嫌隙，順利平息風波。

駛入日本港口的外國船舶不只俄國。一八五四（安政元）年，美國與日本簽訂《神奈川條約》（又稱《日美和親條約》），條約明定以箱館為通商港口，美國海軍准將培理（Matthew Calbraith Perry）還為此前往箱館視察。之所以選擇箱館，是因為此處很適合作為捕鯨船的補給基地，能為捕鯨船補充足夠的糧食與燃料。

箱館開港後，幕府於箱館重新恢復奉行所。由箱館奉行所負責處理海岸防衛、與外國溝通談判和統治蝦夷地等所有事務。

另一方面，由於箱館的防禦能力不足，幕府特地在此地建造日本首座西式堡壘「五稜郭」。獨特的星形構造在尖端處配置砲台，藉此消除防禦死角。一八六四（元治元）年，五稜郭接手箱館奉行所的所有業務，成為蝦夷地的政治與外交中心。

戊辰戰爭成為幕府的最後舞台

一八六七（慶應三）年大政奉還，冷不防地為江戶幕府畫下休止符。新政府軍與舊幕府軍隨即在薩摩藩與長州藩短兵相接，是為戊辰戰爭。一八六八（慶應四）年，江戶無血開城，失去根據地的榎本武揚率領舊幕府艦隊，與逃亡東北的土方歲三等人會合，一起前往蝦夷地。

榎本一行人原本想在新政府的統治下，由德川家開墾蝦夷地，負責防衛北邊，抵禦俄國進犯。

一八六八（明治元）年十月，榎本等人占領五稜郭。十二月平定蝦夷地後，榎本武揚透過選舉手段坐上總裁之位，建立蝦夷共和國政權，要求新政府同意由他開墾蝦夷地。遺憾的是，新政府不但沒有同意他的要求，反而派兵前往蝦夷地討伐。

一八六九（明治二）年三月，登上蝦夷地的黑田清隆率領新政府軍，兵分三路往箱館進攻，是為箱館戰爭。土方歲三雖拚命奮戰仍不敵物資充裕的新政府軍，蝦夷共和國軍隊迫不得已撤退至五稜郭。同年五月十一日，新政府軍包圍箱館和五稜郭，展開總攻擊。新政府軍出奇不意地從箱館山後方往外襲擊，占領箱館。土方為了奪回被占領的箱館，不幸遭到槍殺，戰死沙場。

隨著弁天岬台場、千代岡陣屋相繼淪陷，榎本武揚在十七日向新政府軍投降，交出五稜郭。至此，箱根戰爭與戊辰戰爭同時告一段落。不久之後，新政府將「箱館」的文字標記統一改為「函館」。

自此之後，開墾北海道的中心移至札幌。儘管如此，從明治末期到昭和初期，函館仍掌握了日本海、鄂霍次克海與白令海的漁業權益，成為北洋漁業的大本營。在這段過程中，儘管函館發生了包括一九三四（昭和九）年函館大火在內等多起火災意外，但仍保留濃濃的異國風情，積極重建。二〇一六（平成二十八）年北海道新幹線啟用，許多人從首都圈搭乘北海道新幹線前往函館觀光。

十三湊

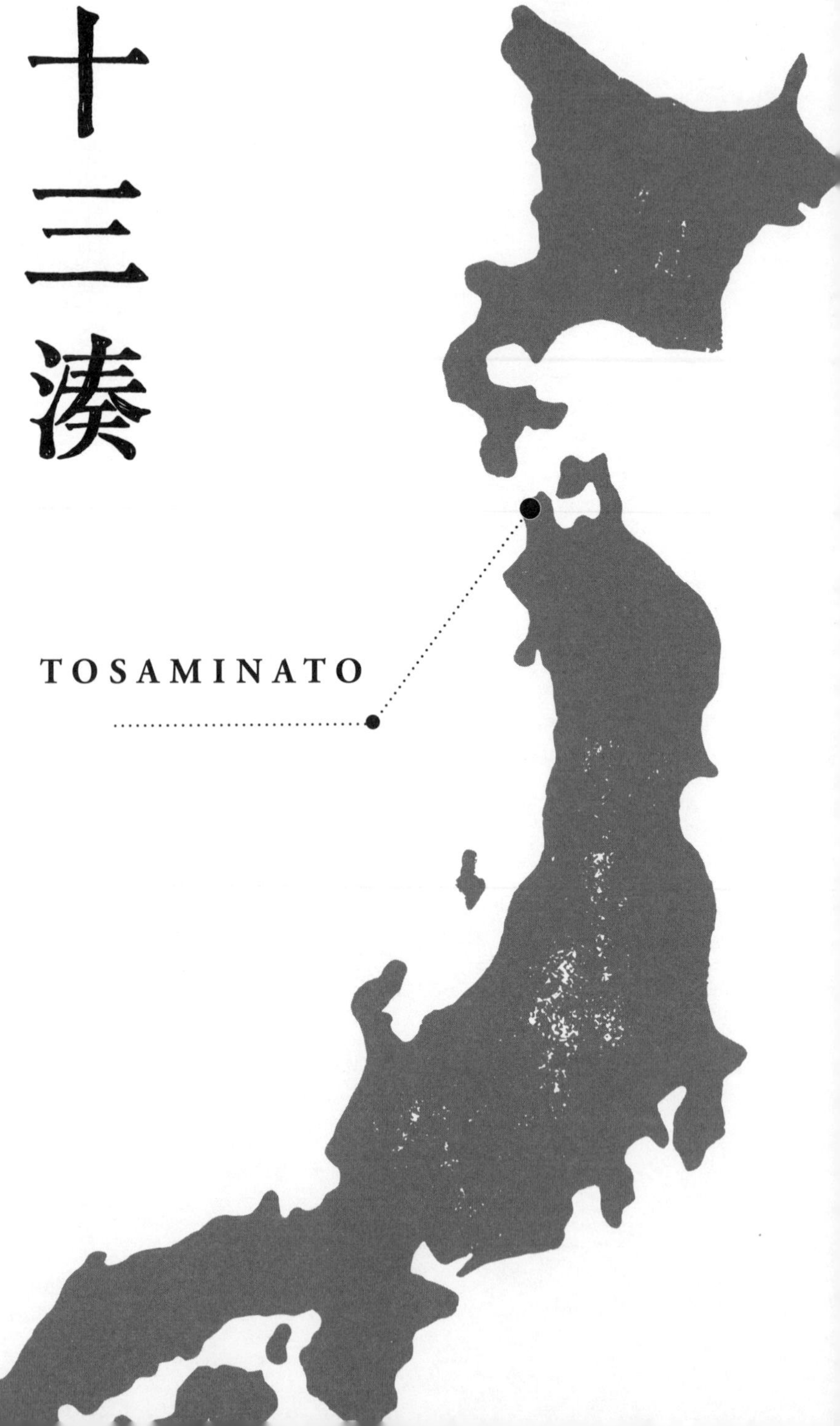

在安藤氏帶領下興盛繁榮的中世紀貿易城市

本州北邊的津輕半島西北方、青森縣五所川原市的日本海側，有一個從鎌倉時代到室町時代中期，堪稱是日本國內屈指可數的大型貿易港。這座港都是由奧州⑦藤原氏與安藤氏一手打造，根據近年來的研究調查，發現此處曾是與蝦夷地（北海道）和國外貿易往來的據點，也因此發展出欣欣向榮的景象。

如此興盛的海運城市究竟是如何發展起來？又為何從歷史舞台上消失？且聽我娓娓道來。

⑦即陸奧國，日本古代令制國之一，屬東山道。大致領域包含現今的福島縣、宮城縣、岩手縣、青森縣、秋田縣東北的鹿角市與小坂町。

太宰治也讚賞不已的平靜湖泊

日本文豪太宰治曾在自傳小說《津輕》中，如此評論十三湖：「宛如在淺底珍珠貝中盛水般的高雅，如夢似幻的絕美湖泊。」十三湖鄰接日本海，是淡水和海水混合的汽水湖。汽水湖特有的大和蜆成為當地特產，由於大和蜆產量驚人，放上滿滿大和蜆的蜆拉麵，近年來成為超人氣料理。

十三湖的湖水相當淺，最深處只有一點五公尺，繞湖一周約三十公里。在青森縣內是僅次於小川原湖、十和田湖的第三大湖。十三湖名稱的由來眾說紛紜，其中最有力的說法是包括岩木川在內，共有十三條河匯入湖中。也有人認為是因為與日本海之間的沙洲上有十三個聚落，才取名為十三湖。

現在十三湖的南邊雖有日本航空自衛隊基地，但基本上此處水田、綠地和露營場環繞，是一座十分安靜的湖泊。如今依舊可見當年太宰治讚賞不已的景緻。

不過，從現在的風景很難想像此處在十三到十五世紀前葉之間，曾經有一個叱吒日本的國際貿易港。

建立在湖泊與日本海之間的沙洲港都

考古學家在十三湖周邊發現幾處史前遺跡，確定距今兩萬到一萬年前的舊石器時代，已經有人居住在此。繩文時代受到氣溫變暖、海平面上升的影響，十三湖的面積比現在還大。由於氣候溫暖，適合居住，再加上可以捕獲許多魚類與貝類，因此吸引人潮群聚，在沿岸形成村落。此外，現在的津輕一帶曾是北海道南部到北東北地區的文化圈中心，日本最具代表性的大型村落三內丸山遺跡（青森市）也是在此時形成的。

彌生時代後期氣溫驟降，十三湖周邊人口銳減。以青森為主形成的文化圈也日益衰退。

直到八七八（元慶二）年，出羽國⑧的蝦夷人為了抵抗朝廷鎮壓而起義，攻擊秋田城，引發元慶之亂的這段時期，十三湖一帶的人口才開始增加。人口增加的原因，有

⑧日本古代令制國之一，屬東山道，又稱羽州。大致領域為現今的山形縣及秋田縣，但不包含秋田縣東北隅的鹿角市和小坂町。最初是為了對抗蝦夷而設立。

一說是遭鎮壓的民眾逃至津輕地方所致。

平安後期，十三湖與日本海之間，有一座因當地居民與蝦夷地貿易往來，而發展形成的港都。這座港都取名為「十三湊」。十三的日文讀音不是「jyusan」，而是「tosa」，一般認為這個名字來自阿伊努語的「tosam（湖畔之意）」。

當時包含十三湊在內，其附近地區都被擁有蝦夷血統的奧州藤原氏統治。十三湖有奧州藤原氏第三代當主⑨藤原秀衡的弟弟藤原秀榮建立的檀林寺，還有其居城福島城。福島城的城主藤原秀榮自稱十三氏。一一八九（文治五）年，源賴朝的軍隊滅了奧州藤原氏，十三湊自此劃入鎌倉幕府的統治區域。

誕生於津輕地區的大型貿易港

鎌倉時代，豪族安藤（後來的安東）貞季取代奧州藤原氏治理十三湊。鎌倉幕府第二代執權北條義時任命安藤氏為「蝦夷管領」，由他統治蝦夷。安藤氏與奧州藤原氏一樣都有蝦夷血統。他是在前九年之役⑩中被源賴義殲滅的安倍氏後代。

安藤貞季與十三氏互相對立，一二二九（寬喜元）年爆發荻野台之戰。最後十三氏滅亡，強化了安藤氏在十三湊的統治基礎。

安藤氏成為新的領導者，不僅與蝦夷地和日本海沿岸地區通商（北方貿易），更與中國的北宋王朝、庫頁島展開商業貿易，促進十三湊的繁榮發展。有一說認為，鎌倉時代十三湊的人口預估高達十萬人。此外，安藤氏還組織水軍，避免往來十三湊的商船遭受倭寇等海盜的攻擊。

十三湊的榮景在室町時代達到最高峰。根據室町時代末期制定的《廻船式目》（日本最早的海洋法規集），十三湊是與博多、堺並列的日本十大港「三津七湊」之一。

十四世紀末期，十三湊的城市規模呈現爆炸性成長。一九九一（平成三）年起，日本國立歷史民俗博物館與富山大學共同進行十三湊遺跡的實地調查，揭開了十三湊的基本市容樣貌。

⑨家庭或家族的統領者。

⑩平安時代後期發生在奧州（東北地方）的戰役，此戰安倍氏滅亡，清原氏成為東北霸者。

根據該項調查結果，十三湊南北約一點五公里長、東西約五百公尺寬，共有十三個現代村落，村落後方還有農田。除了整齊排列的道路、溝渠和碼頭等港灣設施外，現在的十三小學校園周邊，還保有向遺跡中心延伸的土堤、護城河等遺跡。

研究結果顯示，這些土堤與護城河是城市區域的南界，土堤北邊也發現了領主和家臣階級的家屋遺跡，南邊則是商住一體的町家，十三湖沿岸還有檀林寺遺跡。

僧侶弘智在其著作《十三往來》中寫道：「十三湊是媲美印度王舍城、中國長安城與我國平安京的大城市，來自中國的商船全都聚集於湊。」記述了十三湊的黃金年代。考古學家研究十三湊遺址後發現，當時十三湊的城市規模與《十三往來》的內容相當接近。

安藤氏戰敗決定十三湊衰落的命運

隨著港口和貿易規模擴大，十三湊領主安藤氏的勢力日益強大。其影響力不僅只於津輕半島，就連現在的男鹿半島、下北半島到蝦夷地南部都無法忽略安藤氏的存在。

安藤氏的財力也到了可與朝廷分庭抗禮的程度。一四二三（應永三十）年，幕府第五代將軍足利義量上台，當時的安藤氏由安藤康季當家。安藤康季特別獻上二十匹

⑪日本傳統的連體式建築，門口對著街道，前鋪後居的傳統木造房子。

室町時代的十三湊（左）與現在的十三湊的位置（右）

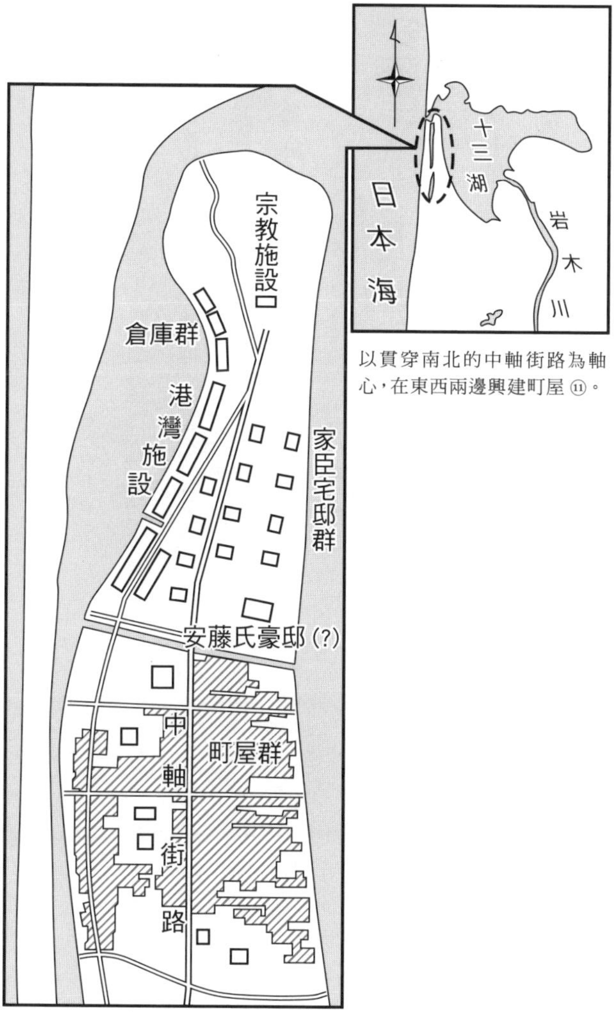

以貫穿南北的中軸街路為軸心，在東西兩邊興建町屋⑪。

參考一般社團法人農業農村整備情報綜合中心「水土之礎」官網圖片製作而成。

馬、五千隻鳥、三十張海獺毛皮祝賀。不僅如此，天皇更下令安藤康季重建若狹國羽賀寺。安藤氏在當時的影響力，可從《羽賀寺緣起》中的「奧州十三湊日之本將軍安倍康季」這句話窺見一二。

「安倍」是安藤康季的本姓，「日之本將軍」的稱號代表安藤氏承認當時後花園天皇的正統地位。

在權傾一時的安藤氏帶領下，十三湊達到前所未有的巔峰，但卻在十五世紀後期走向衰落的命運。南部氏⑫從八戶進攻，康季逃往蝦夷地。十三湊失去領導者，南部氏也不接手治理，經濟發展一落千丈。北方貿易據點轉移到野邊地湊（今青森縣野邊地町）與大濱（今青森市油川），十三湊受到泥沙淤積影響，水深變淺，港口機能逐漸衰退。

到了十六世紀後半，鎖國政策促進國內物流發展，米與木材等物資透過岩木川運送，原本就是優良中繼港的十三湊再次發揮港灣功能。然而進入明治時代，森林鐵道取代港口負責運送木材，十三湊的港口角色終於走入歷史。

十三湊一帶的遺址保留了中世紀重要港灣城市的風格，於二〇〇五（平成十七）年，成為國家指定史蹟。

⑫日本氏族，為陸奧國的武家，本貫地是甲斐國南部鄉，其本姓為源氏。

平泉

席捲東北的奧州藤原氏所建構的理想城市

平安末期，平泉（今岩手縣西磐井郡平泉町）已經出現了傲視全日本的大型城市。

從商業貿易和採挖金礦取得龐大財源，奧州藤原氏花了三代的時間打造繁華的平泉，同時也發展出高度的宗教文化，中尊寺與毛越寺成為最具代表性的寺院。

接下來讓我們一起探究，奧州藤原氏為何選擇平泉作為自己的根據地？他們想建造的是一座什麼樣的城市？

冠上藤原姓氏且定居平泉

在奧州藤原氏定居之前，平泉是一塊在蝦夷統治之下，朝廷無權插手的土地。流經平泉北邊的衣川分隔了和人與蝦夷，對岸有一座由統治現今岩手縣一帶的安倍氏興建的「衣（衣川）之關」。

平安時代，蝦夷不斷發生叛亂。一〇五一（永承六）年，俘囚（歸順朝廷的蝦夷）首領安倍氏謀反，朝廷派出源氏棟樑源賴義和義家父子平亂。父子倆借助出羽國（今秋田縣與山形縣）豪族清原氏的力量，成功平息叛亂。是為前九年之役。

就在這個時候，屬於安倍氏一族的陸奧國亘理郡（今宮城縣亘理郡）豪族藤原經清遭到源賴義斬首，藤原經清的妻子後來改嫁清原氏，其與經清的兒子改姓清原，取名清原清衡。

十一年後，清原氏因繼承問題引發內亂，源義家介入幫助清原清衡取得勝利（後三年之役）。

此次的勝利讓清原清衡取得原本由安倍氏統治的衣川以北陸奧六郡（奧六郡），接著改名藤原清衡，成為奧州藤原氏的始祖。

藤原清衡將他的根據地從江刺（今岩手縣奥州市）轉移到平泉，理由是平泉有北上川及其支流衣川、太田川，還有幹線道路「奥大道」，是水陸交通要衝。加上北上川東岸一帶不僅是大穀倉，水源也十分豐沛，據說這也是平泉地名的由來——「平地上的泉水」。

此外，北上川流至下游的一關便進入峽谷，因此上游經常氾濫。平泉位於綿延至中尊寺的台地上，西邊還有金雞山，地勢較高，幾乎未曾受到洪水侵害，就地理位置而言，可說是最佳的大本營。

不僅如此，由藤原清衡的統治範圍來看，南至現在的福島縣白河市附近，北達青森縣青森市一帶，平泉的緯度剛好居中，或許是考量到相關位置，才移居至此處。

藤原清衡移居至平泉後，於一一〇五（長治二）年興建中尊寺，祭祀在戰爭中死亡的亡靈。這座中尊寺開啟了奥州藤原氏連續三代在平泉的發展。

支撐奥州藤原氏豪門生活的財源

相傳天台宗東北總本山的中尊寺，是慈覺大師圓仁在八五〇（嘉祥三）年創立。

不過，亦可將藤原清衡興建中尊寺的時間當成創建年分。中尊寺成立後逐漸成為東北佛教的據點，共有寺塔四十餘座、禪房四百餘間。現存的伽藍⑬以金色堂最有名。

藤原清衡的領地盛產黃金，這是他興建中尊寺的原因。他將鷲之巢金山與卯根倉礦山（皆為今岩手縣西和賀町）挖出的黃金，經由俗稱「秀衡街道」的陸路途徑——即從現在的秋田縣橫手市連結到岩手縣北上市，運送至平泉，成為奧州藤原氏的財源。威尼斯商人馬可・波羅（Marco Polo）在其名著《東方見聞錄》中，描述了日本宮殿與民宅用黃金打造的景象。學者認為，可能有人告訴他金色堂的事情，他才會這麼寫。

藤原清衡死後，第二代家主藤原基衡在城市西邊建造毛越寺。毛越寺裡有一座表現極樂淨土意象的庭園，裡面採用了許多日本最早的庭園書籍《作庭記》所記載的建築技法。藤原基衡興建了許多伽藍，提升中尊寺的勢力，打造出多達四十座堂塔、五百間僧房的規模。不僅如此，藤原基衡還重新劃分行政區劃，在毛越寺前方的大道興建許多大型建築，打造倉町，促進平泉的經濟發展。一般認為平泉市區是在十二世紀前半，從毛越寺周邊開始發展，因此此處可說是平泉最精華的地帶。

一一五七（保元二）年，藤原基衡逝世，第三代家主藤原秀衡繼任。藤原秀衡完成了毛越寺的建造工程，再模仿宇治的平等院鳳凰堂興建無量光院。據說無量光院兩

⑬意指僧眾共住的園林，即寺院。

奧州藤原氏治理的平泉

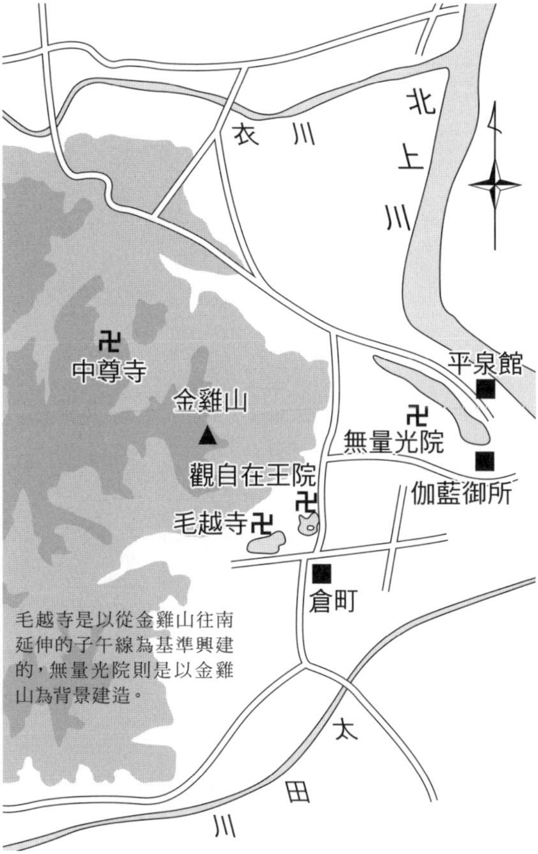
北
上
川
衣川
平泉館
中尊寺
金雞山
無量光院
觀自在王院
伽藍御所
毛越寺
倉町
毛越寺是以從金雞山往南延伸的子午線為基準興建的，無量光院則是以金雞山為背景建造。
太
田
川

參考東京大學出版會《圖集：日本都市史》第七五頁「平泉：全域圖」製作而成。

側的耳堂比鳳凰堂的耳堂還大。

連結和人與蝦夷世界的貿易

中尊寺與毛越寺是平泉的宗教中心，曾經存在於北上川附近柳之御所遺跡的「平泉館」則是政治中心。考古學家從一九八八（昭和六十三）年起花了六年時間進行調查，結果發現平泉館並非奧州藤原氏的居館，而是一棟兼具政廳、公所等功能，集結權力中樞的政治性建築。從出土文物推測，平泉館很可能是藤原秀衡時期建造的。

與平泉館南邊相鄰、和無量光院東門相對的是藤原秀衡住居「伽羅御所」。據說藤原秀衡之所以不住平泉館，而另外興建伽羅御所，原因在於無量光院是兼具祭祀功能的寺院。

平泉在藤原秀衡統治的時代走向巔峰。繁榮的主因不只是因為平泉位於和人世界與蝦夷世界的交界，還有興盛的貿易。金色堂裝飾著從絲路運來的夜光貝與象牙。此外，蝦夷地以北才能捕獲的海豹皮和鵰的羽毛也都成為炙手可熱的商品。平泉更與遙遠的大陸與庫頁島通商，成為進口當地特產品的窗口。

隨著奧州藤原氏沒落，平泉也走向衰退

一一八七（文治三）年，遭哥哥源賴朝追捕的源義經逃亡至平泉，投靠藤原秀衡。同年，藤原秀衡病死。兩年後，繼任者藤原泰衡屈從於源賴朝的要脅，發兵攻打寄居在衣川館的源義經（衣川之戰）。

包括武藏坊弁慶在內的隨從紛紛戰死沙場，源義經也隨之自盡。之後在江戶時代，第四代仙台藩主伊達綱村為了紀念源義經，還在眺望北上川的高地興建了義經堂。

衣川之戰決定了奧州藤原氏的命運。源賴朝追究藤原泰衡逕自攻打源義經一事，親率大軍攻入平泉，發動奧州合戰。奧州藤原氏的兵力打不過身經百戰的坂東武士，藤原泰衡逃至比內郡贄柵（今秋田縣大館市），慘遭部下殺害。奧州藤原氏只傳承短短四代便畫下句點。因源平合戰爆發的「治承・壽永之亂」也在此役終結。

藤原泰衡的首級被八寸釘刺穿額頭並示眾後，埋葬於金色堂。金色堂也是奧州藤原氏的墓所，埋葬著清衡、基衡與秀衡的遺體，藤原泰衡的首級放在金色棺木裡，如今依舊長眠於須彌壇中。

奥州藤原氏滅亡後，由葛西清重取而代之，擔任奥州惣奉行，統領奥州的御家人⑭。葛西氏捨棄平泉，在石巻設立據點。自此，失去領主的平泉迅速衰退，變成落後的農村。

雖然平泉從此消失在歷史的舞台上，但多虧考古學家挖掘遺跡進行調查，讓人們重新看見平泉在文化層面的價值。二〇一一（平成二十三）年，聯合國教科文組織（UNESCO）將岩手縣西磐井郡平泉一帶列為世界文化遺產，讓奥州藤原氏昔日的榮光得以代代相傳。

⑭意指日本鎌倉時代「與幕府將軍直接保持主從關係的武士」。

仙台
SENDAI

實現伊達政宗願景的「杜之都⑮」

仙台是日本東北地區人口最多的城市，若說伊達政宗是仙台之父，一點也不為過。

政宗的領地在關原之戰後增加，於是決定在領地中重新選擇適合的地方作為據點，最後落腳仙台，同時興建領主城堡與城下町⑯。仙台就在這樣的情況下逐漸發展起來。

政宗死後，仙台的地位一度受到大名家⑰因繼承問題產生的內亂（御家騷動）與戊辰戰爭的影響，出現危機，但時至今日，依舊穩坐東北核心城市的寶座。

⑮意指森林之都。
⑯日本的一種城市建設形式，意指以領主居住的城堡為核心建立的城市。
⑰相當於中國的諸侯。

選擇以仙台為根據地的奧州獨眼龍

想要談論仙台這座城市，絕對不可忽略人稱獨眼龍的伊達政宗。伊達家在鎌倉時代是統治奧州伊達郡（今福島縣伊達市）的御家人。室町時代，伊達政宗的祖父伊達晴宗被任命為奧州探題，因此將大本營移往出羽的米澤。一五六七（永祿十）年，伊達政宗在米澤誕生。

伊達政宗十八歲接任伊達家當主，積極擴張領土。在摺上原之戰大敗由會津的蘆名家與常陸的佐竹家組成的聯合軍，占領肥沃的會津地方後，便將根據地轉移至黑川（後來的會津若松）。

兩年後，伊達政宗因延遲參與小田原之戰遭受懲罰，不僅失去會津，就連米澤與伊達郡也保不住，轉而遷至陸奧大崎與葛西（今宮城縣北部到岩手縣南部）。失去米澤與會津的伊達政宗選擇在岩出山城（宮城縣大崎市）築城，作為自己的發展據點。

關原之戰爆發時，伊達政宗以歸還舊領地為條件加入東軍，牽制加入西軍的會津上杉家（上杉景勝）。不料，東軍勝利後，伊達政宗僅拿到兩萬五千石的獎賞。伊達政宗之所以沒能拿回舊領地，有一說是因為他在關原之戰結束後，暗地扇動南部家領地發生民亂所致。

之後伊達政宗決定離開遠離街道且交通不便的岩出山城，選定「千代」為自己的新據點。千代這個地名的起源眾說紛紜，有人說是此處曾有千尊佛像，也有人說過去的統治者國分家在此興建千代城（當時已荒廢），還有人說因為這裡是廣瀨川內側沖積出的階地，屬於「川內」，因此取同音稱為「千代」（日文的川內與千代同音）。

一六〇一（慶長六）年，伊達政宗將千代改名為「仙臺（仙台）」。仙臺引自中國唐詩《同題仙遊觀》中神仙聚集的宮殿名稱。政宗藉由此詩表達千代繁華短暫，希望此處猶如長生不老的神仙居所，成為永恆之地。

仙台不僅緊鄰奧州街道（仙台道），還有廣闊平原連結海洋，這是伊達政宗選擇此地重新開始的重要原因。此外，若德川家康實踐諾言增加其領地，仙台也正好位於領地的中央位置。

城市規模僅次於江戶城的仙台城

一六〇一（慶長六）年，伊達政宗開始在青葉山興建城堡，展開整地作業與堆積石牆等工程。同年四月政宗移居仙台城，成為第一代仙台藩主。仙台城直到一六一〇（慶長十五）年才完工。

仙台城位於現今仙台市中心西邊的青葉山上，海拔高度一百三十公尺處。由於建設在青葉山上，因此仙台城又名青葉城。城西有山林，南邊有龍口溪谷，東邊為斷崖，前方則是沿著山脈由西往東南流去的廣瀨川。

伊達政宗在青葉山興建仙台城的原因眾說紛紜。根據元祿到享保時代撰寫的《東奧老士夜話》，政宗想在青葉山、榴岡、野手口（大年寺山）這三個地方的其中一處建城，請德川家康做最後的裁定。同時期撰寫的《仙台名所聞書》中，描述伊達政宗向江戶幕府請願，希望能在上述三地的其中一處築城。原本政宗屬意的是榴岡，但擔心將榴岡排在第一會被幕府駁回，因此刻意將榴岡排在青葉山之後，希望幕府選擇排在第二的榴岡。沒想到幕府爽快同意政宗在青葉山築城。

仙台城完工後約有兩萬坪，面積大約是東京巨蛋的一點四倍，是當時國內的第二大城，僅次於江戶城的七十萬坪。出人意料的是，喜歡華麗城堡的伊達政宗，卻沒在仙台城興建天守⑱。政宗曾在自己親筆寫的信中說道，只要德川家康在世，他就不興建任何軍事設施，藉此表達對幕府的忠誠之心。

雖沒興建天守，但伊達政宗在本丸內部設置豪華絢爛的千疊敷，顧名思義就是面積達兩百六十疊（約一百三十坪）的大廣間（宴會廳）。此外，還建造了宛如清水寺的舞台「眺瀛閣」，這是一個往懸崖外延伸的懸造建築，可從此處一覽城下風景。此外，還興建了可媲美其他城堡天守規模的五座瞭望台，其中最壯觀的就是艮櫓。

西班牙大使塞巴斯提安・維茲凱諾（Sebastián Vizcaíno）在仙台城竣工隔年登城，不禁讚嘆：「這是日本最出色、最堅固的城堡之一。」這段感想全寫在他自己的著作《金銀島探險報告》（Account of the Search for the Gold and Silver Islands）之中。

從「一覽城下風景」這句話即可得知，仙台城為一座山城，登上仙台城不是一件簡單的事情。由於這個緣故，第二代藩主伊達忠宗在一六三九（寬永六）年於青葉山腳建造二之丸，在此主持政務。後來又在山腳興建三之丸（現為仙台市博物館），從實質意義來說，仙台城變成一座平山城⑲。

⑱日本城堡中最高、最主要也最具代表性的部分，具有瞭望、指揮的功能，也是封建時代統御權力的象徵之一。

⑲坐落於平原中的山或丘陵等處的城堡。

仙台市的地形（上）與江戶前期的仙台城下町（下）

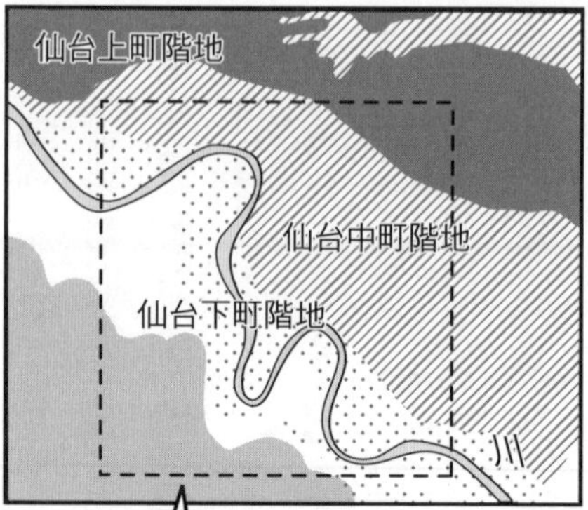
仙台上町階地
仙台中町階地
仙台下町階地
川

順著廣瀨川沖積出的河岸階地打造仙台市區。

參考「仙台市建設局百年之杜推進部　河川課　廣瀨川創生室」官網圖片製作而成。

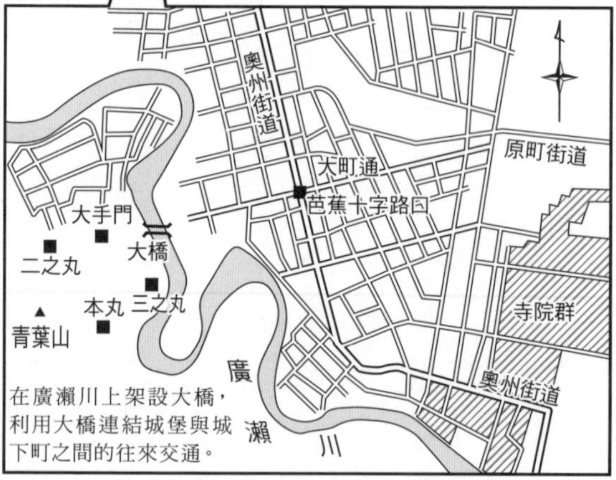
奧州街道
原町街道
大町通
芭蕉十字路口
大手門
大橋
二之丸
本丸
三之丸
青葉山
寺院群
奧州街道
廣瀨川
在廣瀨川上架設大橋，
利用大橋連結城堡與城
下町之間的往來交通。

根據宮城縣圖書館藏《仙台城下繪圖》〈元祿十二（一六九九）〉製作而成。

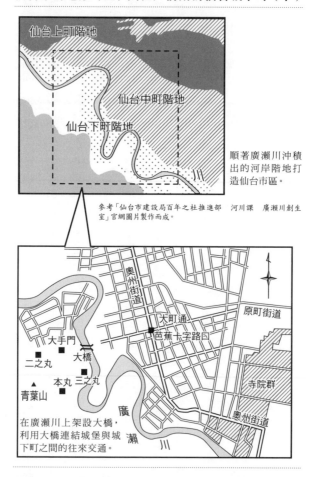

仙台地標「芭蕉十字路口」

城下町與仙台城是同時期開始建造的，兩者隔著一條廣瀨川，伊達政宗在城堡對岸的河岸階地規劃一條貫穿南北的奧州街道，與一條橫貫東西的大町通，作為城下町的基軸。這兩條大道的交叉點就是「芭蕉十字路口」（芭蕉の辻）。此處的芭蕉與知名俳諧大師松尾芭蕉毫無關係。伊達政宗在進入仙台前，曾經派遣虛無僧[20]芭蕉探勘此地，當時他就住在十字路口附近，因此得名。

芭蕉十字路口是城下町的中心點，四個角落分別興建了豪華的城郭式町家。這些町家具有地標作用，即使不幸燒毀，仙台藩也會協助重建。江戶幕府時期的城下町不像戰國時代兼具保護領主城堡的功能，因此規劃時較著重商業活動的需求。以十字路口為中心，往東西南北四個方向設置商業區。

⑳日本禪宗支派普化宗的僧侶。

從芭蕉十字路口往廣瀨川望去，可以看到整齊排列的道路，充分感受到仙台城的威風。時至今日，芭蕉十字路口一帶仍是城下町仙台的精華區，日本銀行仙台分行即坐落在此。

不只是陸路發達，伊達政宗也在地下開發下水道，強化水利之便。這就是總長約四十四公里的「四谷用水」。從廣瀨川引進活水，流經城下町，最後進入梅田川。引進的水用來支應居民生活、農業和防火所需。到了明治時期，著手進行水道暗渠化和填地作業，水道漸漸看不見蹤影，直到一九五五（昭和三十）年已完全消失無蹤。

此外，伊達政宗在仙台城東南方興建若林城，竣工後在若林城處理政務。由於城堡四周是重臣宅邸和商街，專家認為若林城相當於副都心的地位。政宗死後，後人為實現其遺言，將若林城拆除解體。

接二連三降臨在仙台藩的苦難

伊達政宗於一六三六（寬永十三）年辭世。政宗死後，仙台藩爆發御家騷動（又稱伊達騷動），情勢十分危急。第三代藩主伊達綱宗因素行不良被迫隱居，五年後伊達一族再次因為領地糾紛發生死傷事件。繼任的第四代藩主伊達綱村獨斷專政，家臣紛紛叛離。幕府得知此事，強迫綱村隱居。若這件事發生在幕府剛成立時，伊達家發生的醜聞已經達到足以抄家滅族的地步。幸虧當時幕府已經採行不抄家撤藩的政策，因此伊達家並未受到嚴厲處分。

即使如此，伊達家依舊擺脫不了悲慘的命運。從江戶中期到後期，東北地方頻頻發生飢荒和瘟疫，仙台城下出現愈來愈多遊民和盜賊。暴動事件屢見不鮮，商家遭受暴民攻擊，城下町的規模逐漸縮小。

幕末時期，仙台藩再次躍上歷史舞台。東北諸藩為了向幕府請願，赦免朝敵會津藩，組成奧羽越列藩同盟，由仙台藩第十三代藩主伊達慶邦擔任總督，對抗新政府軍。兩軍在東北各地爆發多起戰役，列藩同盟無法抵抗以薩摩藩、長州藩為主的新政府軍，不幸敗北。不過，最後仙台藩只被減俸至二十八萬石，並未抄家，伊達家得以延續下來。

仙台的暱稱來自政宗的政策

明治時代，新政府以仙台為發展中心，積極開發東北地方。政府機關的東北支處及分局、大企業的分公司、第二高等學校與東北帝國大學紛紛設置於仙台。陸軍第二師團也駐紮在此，發揮軍事城市的功能。不僅如此，亦設置陸軍步兵第四連隊的兵營、仙台陸軍地方幼年學校㉑等軍事相關設施。

一九〇四（明治三十七）年，仙台城開放一般民眾入內參觀與眺望美景。由於其景緻被譽為「隱身在森林中的街道」，「杜之都」的美譽就此傳開。最初為了解決飢荒問題，伊達政宗鼓勵民眾種植桃子、柿子與梨子等果樹，在自家與鄰房之間種植杉木作為邊界，更獎勵以防風、防火為目的植樹造林。他的理念深植於仙台人的心中，世世代代傳承下去。

由於仙台具有軍事城市的功能，第二次世界大戰時遭受猛烈空襲，市中心幾乎化為灰燼，仙台城大手門（正門）也被燒毀，整座城市看不見一棵綠樹。幸好戰後積極復甦，隨著東北自動車道與東北新幹線開通，經濟蓬勃發展，仙台再次恢復大城市的風貌，成為名符其實的東北中樞。

如今在仙台城舊址上矗立著一座伊達政宗的騎馬像，俯瞰著仙台市區。政宗一心想打造的就是神仙樂居的和平之地，如今他仍然英姿颯爽地守護著這座杜之都。

㉑舊日本陸軍為了從幼年培養儲備幹部將校所設立的全住宿制教育機構，招收十三、十四歲的青少年，畢業後擁有舊制中學校二年級畢業生的程度。

會津若松

AIZUWAKAMATSU

以名城「若松城」為中心的城下町

擁有白河關的福島縣一直是東北地方的門戶，其中最早開發的地方就是會津。

受惠於地形優勢，會津比東北周邊區域更適合種稻，因此自戰國時代以來就是大名的必爭之地。

會津在明治初期捲入戰禍，城下町幾乎燒毀殆盡，多虧人民的熱情才讓優雅的若松城等充滿風情的街道，再次呈現在世人眼前。

適合稻作的盆地地形

福島縣境內的天氣預報通常分為三區：「濱通」、「中通」與「會津地方」。濱通是面向太平洋，以磐城市為中心的東邊地區。中通位於中間，不僅縣廳設置於此，還有福島市。會津地方則位於西邊，屬於內陸地區，也是會津若松市的所在地。濱通與中通之間隔著阿武隈高地，中通與會津地方以奧羽山脈相隔，因此這三區的氣候都不一樣。

會津若松市屬於日本海氣候，降雪量比濱通和中通地區多，冬季十分嚴寒。不僅如此，會津若松市位於會津盆地內，夏天相當炎熱。不過，拜高山遮蔭所賜，每年春夏兩季為東北地方帶來寒害的「溼冷東風」在此處影響不大，適合種稻。

如今會津若松市的人口約十二萬三千人，是會津地方的中心城市。除了農業興盛之外，也善用豐富的觀光資源，成為知名觀光都市。市區東邊有日本第四大湖「豬苗代湖」，市中心有會津藩的居城若松城（亦名鶴城），還有東山溫泉。

蘆名氏在會津盆地打造城下町

平安時代的會津若松是與京都、奈良、鎌倉、平泉齊名的佛都，磐梯山麓興建了一座巨刹「惠日寺」，成為會津佛教的中心。會津若松市內還有惠日寺的塔頭寺「延命寺地藏堂」。

室町時代，鎌倉御家人佐原義連的血脈蘆名氏自稱會津守護。儘管與同族內戰不斷，仍持續統治會津一帶。一三八九（至德元）年，第七代當主蘆名直盛在會津盆地東南方的台地前緣興建東黑川館。後來這座城館經過修建，於十五世紀改名黑川城。

會津若松過去稱為「黑川」，因此城名來自地名。由於大川、只見川、湯川等多條河流匯集於會津盆地，便取「河川匯（會）集之地，船舶停泊之港（津）」之意，將此地定名會津。湯川原本名為羽黑川，時間一久「羽」字就省略掉，人們習慣稱它為黑川，最後演變成地名。

城館興建在從黑川分流的湯川和車川包圍的土地上，此時的城下町便以城館為中心，建構出武家、商家和寺社共存的城市容貌。

後來成為戰國大名的蘆名氏，趁隙介入統治出羽國置賜郡（今山形縣米澤市）與陸奧國南部（今福島縣北部）的伊達氏內亂，成功擴大自己的領土。

不料，一五八九（天正十七）年，蘆名氏在發生於磐梯山麓的摺上原之戰中敗給伊達政宗，伊達氏接管會津。伊達政宗想要會津的原因之一，或許與許多街道（包括越後街道與米澤街道）在此交會，是個重要的交通要衝有關。

伊達政宗將根據地從米澤城遷移至黑川城，直接接手蘆名氏興建的城館與城下町。他將城下町分給家臣居住，並將寺院從米澤遷移過來。

無奈好景不常，伊達政宗統治會津的時間很短。隔年，豐臣秀吉進入會津，頒布刀狩令㉒、實施檢地㉓，處以奧州仕置㉔，重新分配東北地方諸大名的領土歸屬。因延遲參與小田原之戰的伊達政宗被收回會津，改由豐臣秀吉麾下的武將蒲生氏鄉取而代之。

不斷替換的領主

蒲生氏鄉原本的封地是十二萬餘石的伊勢國松坂（今三重縣松阪市），為了制衡伊達政宗，豐臣秀吉將他轉封到九十萬餘石的會津黑川。由於氏鄉的老家、近江（今滋賀縣）有一座若松森林，因此他在接手黑川後，將黑川改名為「若松」。

蒲生氏鄉素有築城高手的美譽，他將黑川城改建成有天守設計、七層樓高的若松城（鶴城）。此外，也著手整頓城下町，善用湯川與車川設置外護城河。在外護城河包圍的城牆裡建設武家宅邸，城牆外興建商人與町人的居住地，並將寺社設立在外圍。將過去混住的武家、商家和寺社全部分開來。此外，因應市區街巷戰的可能性，將道路交錯的路口全部錯開，讓入侵城下的敵兵無法一眼望盡前方狀況。

蒲生氏鄉四十歲便撒手人寰，由其嫡子蒲生秀行繼任。此時蒲生家因繼承問題產生內亂，一五九八（慶長三）年被轉封到宇都宮，受十八萬石俸祿。隨後奉豐臣秀吉之命接手會津的是越後（今新潟縣）的上杉景勝。至此，包括出羽和佐渡等領國在內，

㉒日本歷史上要求武士之外的僧侶以及農民放棄手中武器的政策。
㉓日本中世紀至近代實行的農田面積和收穫量調查，相當於現在的稅務調查。
㉔豐臣秀吉在一五九〇（天正十八）七月至八月間對日本東北地區諸大名的獎懲，依此重新分配領地。

會津若松的地形

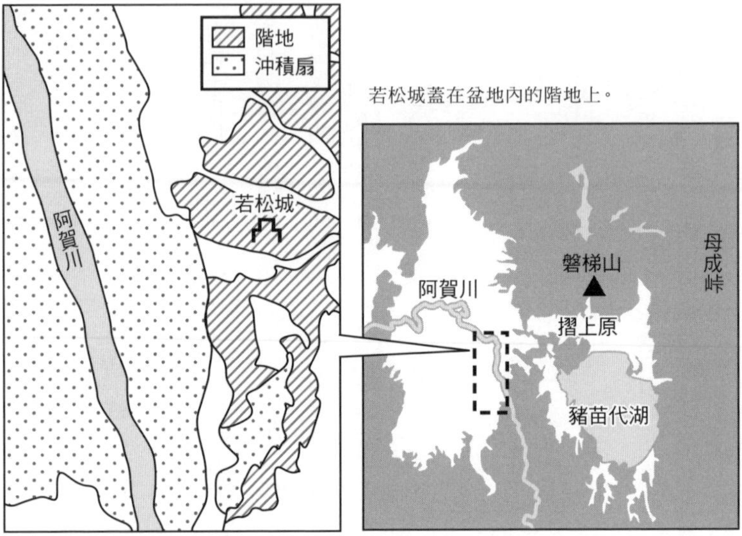

若松城蓋在盆地內的階地上。

上杉成為一百二十萬石的大名。

秀吉死後，一六〇〇（慶長五）年，上杉景勝反叛德川家康，引發關原之戰。最上義光與伊達政宗加入德川家康領軍下的東軍，與上杉景勝加入的西軍對戰。最後，由毛利輝元擔任總大將的西軍，在關原之戰大敗給東軍。隔年，德川家康懲處上杉景勝，撤封會津在內的領地共九十萬石，轉封米澤。蒲生秀行重返會津。關原之戰期間，秀行在宇都宮牽制上杉軍有功，加上秀行的妻子是德川家康的女兒，讓他得以重回故地。

蒲生秀行與他的父親一樣，致力於統整城堡和市鎮機能，維持領內運作順暢。不料，會津地方發生大地震，堆砌好的城堡石牆崩落、天守傾倒，整座城受創頗深。加上冬季乾旱，使蒲生秀行焦頭爛額。或許是因為心力交瘁的緣故，秀行早逝，繼承家督的蒲生忠鄉沒有子嗣，於一六二七（寬永四）年逝世。

人稱「賤岳七支槍」之一的加藤嘉明素來驍勇善戰，在關原之戰是東軍的盟友。蒲生忠鄉死後，幕府將其調離原本的伊予國松山（今愛媛縣松山市），轉封會津，享四十萬石俸祿。其子明成繼任後，修葺原本七層的若松城，成為現在的五層樓建築。

加藤明成的重臣堀主水因出言勸諫與主子勢如水火，後來逃出會津藩。幕府將這起事件的原因歸咎於加藤明成，於一六四三（寬永二十）年沒收領地。加藤明成的嫡子加藤明友被轉封至一萬石的石見國吉永藩，明成也被迫隱居於此。

重視宗家㉕恩義的家訓

治世總是不長久的會津若松，迎接的新任領主是幕府第二代將軍之子、第三代將軍德川家光的同父異母之弟保科正之。正之是庶子，也是信濃國高遠藩主保科正光的

江戶初期的若松城下町

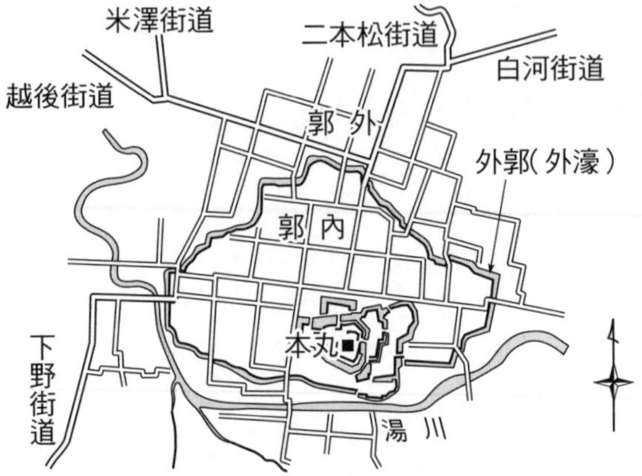

街道以城下町為中心往各處延伸。

參考福島縣立博物館藏《陸奧國會津城繪圖》(一六四四〈正保元〉年)製作而成。

養子。保科正之深受德川家光信任，繼任高遠藩主後，接手出羽國山形藩，享二十萬石俸祿，接著又成為二十三萬石會津藩的藩主。德川家光死後，其外甥德川家綱繼任第四代將軍。由於將軍年幼，保科正之銜命輔佐將軍，擁護德川宗家。

保科正之訂定了《會津家家訓十五條》，第一條是「對德川家忠勤、忠義。」這一條不僅是整個江戶時代會津藩的正道，對於幕末的會津藩也影響甚深。

幕府同意會津保科家從第三代家督正容開始使用松平姓與葵紋，直到幕末，會津藩都是會津松平家的領地。

拚死抵抗的會津藩

隨著時間過去，幕末時期會津藩藩主松平容保在第十四代將軍德川家茂要求下，前往京都擔任京都守護職㉖，負責維護京都治安。雖然當時家臣反對容保就任，但他遵守家訓，對德川宗家盡忠職守。

大政奉還後，松平容保以舊幕府軍的身分出兵與新政府軍對戰，在鳥羽伏見之戰中落敗。儘管如此，松平容保還是主張抗戰，遵照第十五代將軍德川慶喜之命回到江戶。孰料他不僅沒能進入江戶城，還被視為叛徒，松平容保與藩士只好返回會津閉門自省。

隨後新政府軍開始東征，江戶城無血開城，接著轉攻會津若松。新政府軍提出嚴

㉕嫡派家系。

㉖江戶時以及代末期（幕末）一八六二（文久二）年幕政改革所設置的三役職之一。這三職分別是將軍後見職、政事總裁職京都守護職。

格的投降條件，包括斬首松平容保、若松城開城等，會津藩最後沒有接受，決定開戰。

由伊地知雅治與板垣退助率領的新政府軍本隊，突破會津若松東南方的母成峠防線，支隊則從越後街道攻入。一八六八（慶應四）年八月二十三日，新政府軍本隊攻至若松城下，此時發生了一齣悲劇。白虎隊看見從城下飄來的白煙，誤以為若松城被攻破，於是整隊在飯盛山切腹自殺。

過了大約半個月，新政府軍從九月十四日展開總攻擊，會津藩兵奮力死守，新政府軍遲遲無法攻下若松城。無奈時不我與，與會津藩同一陣線的奧羽列藩同盟的各諸藩紛紛投降，會津藩陷入孤立狀態。最後松平容保投降，會津戰爭就此結束。

這場戰爭讓城下町遭受嚴重破壞，現在的城下町是戊辰戰爭後由町民一起重建振興的。由於藩士全部移居到下北半島的斗南藩（今青森縣十和田市），因此城下町並未重建武家宅邸，只重建商人的町家。

明治時代後，會津藩改為若松縣，一八七六（明治九）年併入福島縣。當時的縣廳所在地並非會津若松，而是繁榮的福島城的城下町，亦即現在的福島市。

戊辰戰爭後，政府下令破壞若松城。一九六五（昭和四十）年，市民募款重建天守。二〇〇一（平成十三）年，運用江戶時代的技術，重建復原了與主結構有關的干飯櫓塔樓、南走長屋等建築。二〇一一（平成二十三）年，完成紅瓦屋頂的更換作業，成為日本唯一的紅瓦屋頂建築，讓現代人緬懷幕末時期的風華。

宇都宮

UTSUNOMIYA

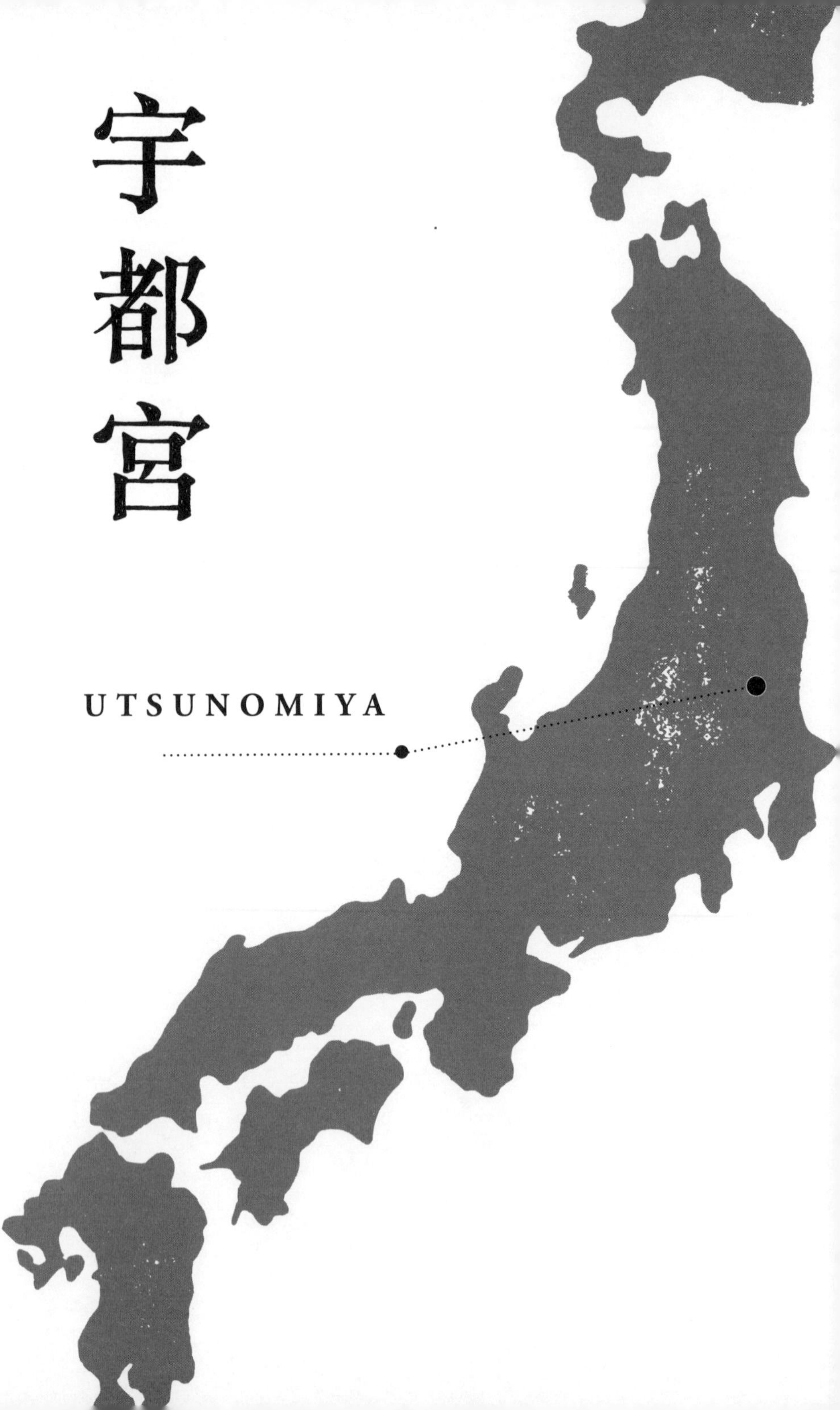

兼具三種角色的北關東要衝

江戶時代的宇都宮共有三種面貌，她不只是門前町、城下町，也是宿場町。從中世紀起統治此地的宇都宮氏在此著墨頗深。此處鄰近東照宮所在的日光，也是北關東江戶的防禦據點，這些都是宇都宮蓬勃發展的主因。

明治時代陸軍師團駐紮此處，也為宇都宮增添軍事城市的特質。

統治超過五百年的宇都宮氏

栃木縣政府所在地、同時也是北關東中心都市的宇都宮，是人口約五十二萬人的中核市㉗。宇都宮位於關東平原北端，鬼怒川右岸的台地上，市區北邊還有宇都宮丘陵。田川與釜川包圍著丘陵往下流，在市區交會。

宇都宮丘陵的南端有二荒山神社，南邊平原還有宇都宮城址。這兩處都是象徵宇都宮歷史的景點。

二荒山神社是下野國一宮，宇都宮氏代代擔任社務職，負責管理與維持神社。從氏族名稱不難發現，宇都宮氏和宇都宮有著極深厚的歷史淵源。提到二荒山神社的緣起，其創建於距今約一千六百年前，西元八三八（承和五）年從荒尾崎（今宇都宮市下之宮）遷至現址。自古祀奉武勇之神，遇到戰爭時武將會到此祈願勝利。例如：平將門之亂的藤原秀鄉；前九年之役的源賴義・義家父子；以及關原之戰的德川家康，他們在出征前都到二荒山神社祈求神祇保佑，希望能贏得勝利凱旋歸來。

宇都宮的地名有人說是來自二荒山神社的階級「一宮」的唸法，而宇都宮以二荒山神社門前町㉘之姿逐漸發展開來。

宇都宮氏的始祖是身兼下野國守護職、二荒山神社別當㉙與宇都宮座主的僧侶藤原宗圓，一〇五一（永承六）年前九年之役時，他祈願朝廷贏得勝利。宗圓是有力貴族藤原道兼的曾孫，據說也是豪族毛野氏的後裔。

在藤原宗圓興建完宇都宮城後，宇都宮氏一族不只是宇都宮城的城主，也擔任負責治理二荒山神社的社務職，前後長達五百年。這代表宇都宮氏一族既是武士階級的統治者，也是宗教領袖，使得宇都宮扮演了門前町和城下町兩種角色。

最後宇都宮氏成為戰國大名，與稱霸關東的北條氏對立。宇都宮城興建好幾層的護城河與堡壘，城池十分堅固，不怕北條氏侵略。

一五九〇（天正十八）年，宇都宮氏參加小田原之戰，得以保住自己的領地。然而，

㉗日本的城市自治制度之一，自一九九六年開始實施，可擁有較一般的市與特例市（施行時特例市）更多原本屬於都道府縣的權限，但權限少於政令指定都市。

㉘日本的都市發展概念，意指在寺廟、神社等宗教建築周邊形成的市街、聚落。

㉙原為律令制下在原官職之外兼任其他役所長官的稱呼，後來專指官司特別是令外官的長官。此外，寺院中負責統轄寺務的僧官也稱為「別當」。

七年後太閣檢地㉚時卻被舉報虛報總石高㉛數額，領地遭到沒收。隨後由會津的蒲生秀行入主宇都宮，在門前町的南側興建城下町。

譜代大名統治的防衛與交通要衝

江戶時代之後，蒲生氏回到會津，德川家康的外孫奧平家昌和德川家康的心腹本多正純先後入住宇都宮藩。本多正純上任後開始擴大城池，重新劃分城下町的行政區域，完成現行宇都宮市街的基本架構。後來的藩主也投注許多心力打造城市。

城郭西邊一帶設置了類似城下町、藩士居住的武家宅邸。正門內的重要據點分布著重臣、藩主親族的住居，城郭內是上級藩士、外護城河之外是中級藩士的居所。另一方面，街道兩邊是工商業者的住宅區，裡面的小巷則依身分和職業別興建長屋。

一六〇二年（慶長七）年，當時的宇都宮只有三十二座城市，江戶中期增加到四十一座。整個江戶時代宇都宮的人口預估約在九千人至一萬人之間。

打造宇都宮城市基礎的是本多正純，他在一六二二（元和八）年得罪幕閣，失去權勢，也被逐出宇都宮。有人認為他是遭人發現、在宇都宮城裡設置暗殺第三代將軍

江戶末期的宇都宮城下町

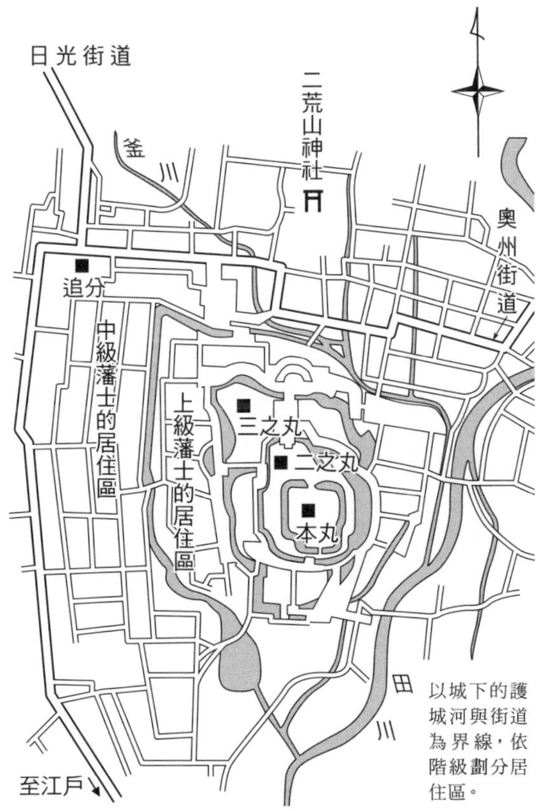
日光街道
二荒山神社
釜川
奥州街道
追分
中級藩士的居住區
上級藩士的居住區
三之丸
二之丸
本丸
田川
以城下的護城河與街道為界線，依階級劃分居住區。
至江戶

參考宇都宮市教育委員會《宇都宮御城內外繪圖》製作而成。

㉚豐臣秀吉從西元一五八二年開始，在日本全國推行，關於農地（山林除外））的測量及其收穫量的調查。

㉛日本幕府時代用以表示土地生產力的制度，又稱石高制。舉凡稅貢、勞務、軍役等對政府的義務皆依石高多寡課徵。

德川家光的陷阱（釣天井）才會失勢，不過，這是後人捏造的故事。

由於宇都宮的位置相當重要，當敵人從北方攻打江戶時，此處是重要的防禦要衝，因此宇都宮藩主都是由奧平氏或戶田氏等與幕府關係密切的譜代大名擔任。

此外，宇都宮內有江戶時代五大主要街道的其中兩條，包括連結江戶與東北的奧州街道、連結江戶與日光的日光街道，宇都宮正好位於這兩條街道的分岔點，自然是相當重要的交通要道。城下町興建了參勤交代的本陣㉜、提供給二荒山神社與日光東照宮香客居住的旅籠（旅館），因此此處也有許多茶屋和飯館。近代的宇都宮具有門前町、城下町與宿場町的三重樣貌。

城下町慘遭兩次祝融之災

幕府末期，新政府軍與舊幕府軍爆發戊辰戰爭。歸順新政府的宇都宮藩也捲入其中。

一八六八年（慶應四）年四月，朝日光前進的舊幕府軍在大鳥圭介與土方歲三的率領下，襲擊位於途中的宇都宮城。當時宇都宮城和城下町的大部分區域遭到大火吞噬，幸好援軍趕至，成功奪回宇都宮城，擊退舊幕府軍。此為宇都宮城之戰。

一八七一（明治四）年，明治政府實施廢藩置縣，廢除宇都宮藩，設立宇都宮縣。兩年後與栃木縣合併。一八八四（明治十七）年，栃木縣廳從栃木遷至宇都宮，成為縣的政治和經濟中心。隔年東北本線與日光線開通，宇都宮車站發售日本第一個鐵路便當。

到了明治時期，宇都宮也成為軍事城市。陸軍第十四師團從姬路移駐至宇都宮，約有一萬名軍隊相關人員長期駐紮在此。事實上，陸軍第十四師團正是宇都宮知名小吃「宇都宮餃子」的起源。

時間回到第二次世界大戰，陸軍第十四師團進駐中國的滿州，士兵們在當地學會了餃子的作法。大戰結束後，他們回到日本，將餃子的作法在宇都宮內大肆推廣，因而形成現在的「餃子城」。

㉜戰國時代以前，本陣指的是戰場上總大將大本營的所在位置。進入江戶時代後，漸漸用來指專供武士、官吏宿泊的場所。

第二次世界大戰期間，當時全球屈指可數的飛機製造商中島飛機工廠落腳在宇都宮，同時也開始推動大量的基礎建設，包括大馬路、電力與天然氣等設施。

不過，宇都宮也因為是軍事城市，二戰期間遭受美軍猛烈空襲。宇都宮大空襲更是摧毀了百分之六十五的市區。

走出戰爭災難並迅速復興

儘管受災慘烈，宇都宮仍率先推動戰災復興土地區劃整理事業，以「復原率日本第一」的效率成功重建整座城市。宇都宮市公所附近有一棵被指定為天然紀念物的大銀杏樹。這棵銀杏樹在空襲中燒焦了，但隔年立刻長出新芽，成為宇都宮復興與發展的象徵。

日本進入高速經濟成長期後，宇都宮積極招商，鼓勵興建工廠，形成各種不同的工業團地（集中建設的住宅區），包括日本規模最大的清原工業團地。

一九八二（昭和五七）年，東北新幹線開通至宇都宮。一九七二（昭和四十七）年東北自動車道、二〇一一（平成二十三）年北關東自動車道開通，串聯東南西北，交通四通八達。即使多年過去，宇都宮依舊是陸上交通的重要據點。

東京

有「大江戶八百八町」美譽的全球數一數二大城市

日本首都東京，舊稱江戶。在德川家康成立幕府之前，此處是很貧窮的村落，但其實這裡也是港都，坐落著許多町屋。

後來江戶成為幕府所在地，躍身成為國政中心據點。剛開始人口不多，後來在灣岸大規模填海造地，進行河川改道工程，擴展市區範圍後，躍居傲視全球的大城市。先進的基礎建設也是東京發展的最大助力，這一點不容忽視。

奉秀吉之命遷移根據地的家康

小田原之戰是豐臣秀吉一統天下的重要戰役。戰爭期間的某一天，秀吉站在石垣山俯瞰即將攻陷的小田原城，對德川家康說：

「滅了北條之後，關八州就是你的了，德川大人。到那個時候，你的本城㉝不要選在小田原、也不要選在鎌倉，而是要設在江戶。」

豐臣秀吉不是平白無故將關東八國送給德川家康，他先收回三河（今愛知縣東部）、遠江（今靜岡縣西部）等德川原有的五個領地，再將關東八國分封給他。儘管德川家的俸祿增加，但要放棄祖先代代相傳的土地，這讓家臣們個個面有難色。德川家康深思熟慮之後，決定接受豐臣秀吉的安排。

豐臣秀吉為何要將關東封給德川家康？當時江戶的城下町只有一百間茅草屋的規模而已，根據幕府正史《德川實紀》的記載，江戶城是一座簡陋的小城，玄關處只放了幾片棧板作為階梯。一般認為，豐臣秀吉這麼做是為了將當時實力最堅強的德川家康趕到荒涼偏僻的地方，以鞏固豐臣家的天下。

不過，根據後來又進行的許多研究調查，證實當時的江戶城雖然不算富裕繁華，但至少不是個窮苦的小村落。

傲視關東的港口早已存在？

鎌倉時代的史書《吾妻鏡》是首次出現「江戶」這個名詞的文獻。平安末期，屬於桓武平氏的秩父重綱的兒子秩父重繼移居至武藏（今東京都與埼玉縣）的江戶鄉，自稱江戶氏。其居館就是後來的江戶城本丸，也就是現在的皇居東御苑。鎌倉幕府滅亡後，江戶家式微，離開江戶鄉。

之後，關東管領扇谷上杉家的家宰㉞太田道灌入主武藏。太田道灌是築城名家，一四五七（長祿元）年興建的江戶城使其聲名遠播。道灌的江戶城分成子城、中城與外城等三重區輪㉟，位於現今吹上御苑東南方的「道灌濠」，據說就是當年的護城河。

話說回來，江戶這個地名意指「入江（海灣）的門戶」。當時江戶的海岸線與現

㉝領主當作據點的城，亦稱為根城、居城。
㉞代替家長處理政務的家臣之首。
㉟城內外規劃的區域名稱，亦寫作郭。

在差異甚大，還有一個半島往外突出，名為江戶前島（今東京車站、有樂町、新橋一帶）。半島西邊是日比谷入江，海岸線延伸至江戶城東南角。

在江戶城完工之前，太田道灌將居館設置在匯入日比谷入江的目黑川河口品川湊（品川區）。當時的江戶有皇家有力寺院的莊園，海上航行著大大小小的船隻，這些都是進出伊勢港的商船。品川湊有許多米倉，當時的文獻以「東武大城」來形容那一帶的繁榮景象。太田道灌的職責就是保護此都會區的權益。

不料，太田道灌卻遭到其主家扇谷上杉家的暗殺。關於此事的真相眾說紛紜，有人認為太田道灌功高震主，也有人說是對手山內上杉家放出流言，說太田道灌意圖謀反。不過，至今仍無法釐清暗殺的真相。

後來扇谷家也被新興勢力北條家滅絕。由於北條家的根據地是小田原，江戶漸漸沒落下來。

曾經繁華一時的江戶，成為豐臣秀吉注目的焦點。他將此處封給德川家康，或許是為了牽制那些尚未服從豐臣家的奧羽諸大名，也或許是他認為「水之都」大坂的發展歷程可以在江戶重現。過去最常見的說法是豐臣秀吉明升暗貶德川家康，但這個說法現在已經不採用了。另一方面，德川家康在接受豐臣秀吉的安排後，立刻派遣親近的武將前往當地勘查，也採取了一連串行動。由此可見，其對江戶城十分感興趣。

在灣岸填海造地拓展城下町規模

小田原之戰結束後，德川家康在一五九〇（天正十八）年八月進入江戶。此後，德川家致力於開發江戶城下町，直到第四代將軍德川家綱，時間長達七十年。

德川家康首先進行河川改道與灣岸填海造地等工程，這麼做的目的是增加家臣團的居住區域，讓那些跟著他從舊領地過來的家臣們都有足夠的地方定居。亦可避免城鎮遭受洪水侵襲，擴大水路交通網。在此之前，日本從未在潮溼的沿海低窪地區興建城市，從這一點來看，江戶城可說是劃時代的城市。

德川家康首先在江戶前島挖一條東西橫貫的運河，連結日比谷入江與江戶前島東岸，此舉的主要目的是連結製鹽業盛行的行德（千葉縣市川市）與江戶。由於當時的名醫曲直瀨道三就住在河岸邊，因此這條運河稱為「道三堀」，其流域與現在的日本橋川相同。

不僅如此，平川原本從江戶前島西側直接匯入日比谷入江，德川家康改變河口位

德川家康開府前的江戶周邊地形

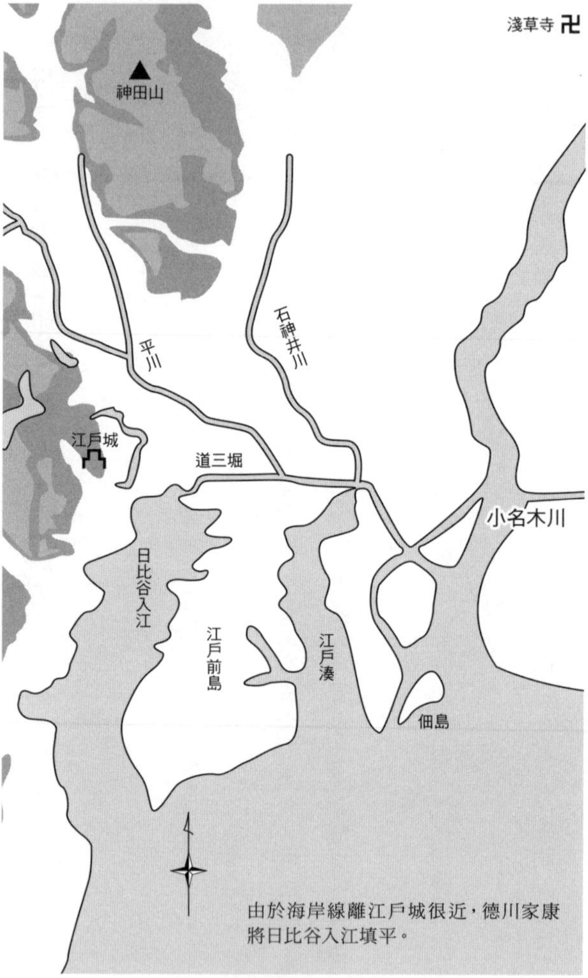
淺草寺
神田山
石神井川
平川
江戶城
道三堀
小名木川
日比谷入江
江戶前島
江戶湊
佃島
由於海岸線離江戶城很近，德川家康將日比谷入江填平。

參考「UR都市機構　大手町連鎖型都市再生計畫」官網圖片製作而成。

置，使其與道三堀匯流在一起。平川往新橋方向延伸，與護城河交叉，成為江戶城內護城河的一部分。此外，平川後來與內護城河錯開，成為現在的神田川。

河川改道產生的沙土拿來填埋灣岸，日比谷入江變成陸地，江戶的港灣設施全部興建在江戶前島的東岸。填埋日比谷入江可以增加住宅區的面積，也能避免敵人從海上攻擊江戶城，具有軍事意義。

武士住台地、町人住低地

一六〇三（慶長八）年，德川家康在京都伏見城受封征夷大將軍，在江戶創立幕府。從此之後，開發江戶城成為國家積極推動的目標事業。

改修江戶城稱為「天下普請」，德川家康要求關西大名出人出力。根據規定，領地俸祿每十萬石就要提供一千兩百顆需要一百人才抬得動的大石，因此，當時有許多在伊豆或箱根切割出來的巨石經由海路運至江戶，其中最大的石頭重達十一噸。

如今江戶城外護城河的石牆上，依舊可見刻著大名家家紋的石塊。可由此佐證哪個大名負責完成哪項工程。

江戶以江戶城為中心，西北是武藏野台地丘陵，東南為低窪溼地。此高低落差是地名「山手」、「下町」的由來。武家的居住區主要設置在山手，下町則是町民的住宅區。

江戶城的內護城河設置了大手門、半藏門、櫻田門，外護城河則有四谷門、赤坂門、虎之門。後來，從半藏門延伸到四谷門的道路與甲州街道相連結。包括甲州街道在內，東海道、日光街道、奧州街道與中山道的「五街道」是各地運送物資到江戶的大動脈，同時也是都市防禦要塞。武士負責防衛城門，因此將山手一帶劃分給武士居住。這五街道的起點全都是橫跨道三堀的日本橋。

武藏野台地的丘陵也細分成神田台、淀橋台、目黑台與荏原台。填海造地的灣岸新生地也使用從神田台挖掘出來的沙土，接著駿河（靜岡縣中部）的德川家臣團移居至挖完土的神田台，因此此處後來改稱「駿河台」。

形狀不工整的行政區劃導致火災頻發

有句話說「火災和吵架是江戶的精華」，代表江戶是火災頻發的城市。一六五七

明曆大火後重整的江戶城下町

小石川
淺草
隅田川
下谷
市之谷
神田
本所
牛込
兩國橋
四谷
麴町
江戶城
深川
永代橋
赤坂
麻布
芝
架設兩國橋與永代橋，讓江戶市街往東拓展。

參考東京大學出版會《圖集　日本都市史》第一九四頁「寬文時期的江戶」製作而成。

（明曆三）年發生的明曆大火將江戶城的本丸燒毀殆盡。幕閣大臣們立刻計畫重建，輔佐年輕的第四代將軍德川家綱執政的保科正之（第三代將軍德川家光的異母弟）認為太平盛世無須天守，將重建費用投入城市的復興。自此，江戶城未再重建天守，一直到現在。

明曆大火的罹難者人數眾說紛紜，從三萬到十萬都有。有人認為，災害如此嚴重的原因之一，就是隅田川上只有千住大橋這座橋。隅田川位於武藏和下總（今千葉縣北部）的國境，基於軍事防衛因素，不可能架設許多橋樑。沒想到因此阻礙了江戶居民的逃生機會。

在此之後，隅田川新架設了兩國橋和永代橋，河川東側納入武藏，太日川（今江戶川）變成兩國國境。

此外，幕府在一八一八（文政元）年正式劃分江戶的範圍。現在的江戶川區、葛飾區、足立區、練馬區、中野區、杉並區、世田谷區和大田區在當時並未納入，因為這些地區是在明治時代以後才劃入東京的行政區劃裡。

江戶城下的面積約七成為武家宅邸，寺社與町人的房子各占一成五左右。不過，以人口比例來說，武士約占半數。由於這個緣故，一般町民住的地方十分擁擠。所有人擠在相當於現代集合住宅的長屋裡，摩肩擦踵地生活。行政區劃是伴隨士農工商的身分制度劃分而成，形狀並不工整，這正是每次發生火災就會造成慘重傷亡的主因。

江戶市區整潔又環保

與全球大城市相較，江戶也有先進的一面，那就是水道。由於江戶東部的溼地與填海造地拓展的區域無法取得地下水，因此幕府擴充了神田上水和玉川上水等「江戶六上水」（上水道），成為市民的生活用水。

江戶西高東低的地形最適合開挖上水道，將西邊丘陵的水引進埋在地底的木製管道，均等地流經市區，人們再從井取水使用。根據統計，江戶市的上水道普及率為六成。

下水道的做法則是在路邊挖一條側溝，利用側溝將水排入海洋。當時的下水道主要排放的是雨水。糞尿會回收當肥料使用，因此不會排入下水道。當時的江戶十分乾淨，而且環保。

江戶也是水運之都，光是外護城河的內部就有超過六十個船舶停靠區，也就是「河岸」。依照卸貨上岸的物資種類與產地來取名，例如「魚河岸」、「本材木河岸」、「行德河岸」等。其中日本橋的魚河岸有來自江戶前捕獲的鮮魚，進而孕育出包括江戶前壽司在內，豐富多樣的飲食文化。

魚河岸位於銀座，自明治時代以來也是十分繁忙的食品市場。可惜在大正時期的關東大地震中嚴重受創，於是喬遷到東京都中央區，也就是如今知名的築地市場。

江戶初期江戶人口只有十五萬人，到了十八世紀前半已超過一百萬人。儘管統計方法不同，但當時放眼全球，人口百萬的城市只有北京和倫敦。

「大江戶八百八町」一詞源自於第四代將軍德川家綱時期，因為當時每個町（家屋數二十到三十間的町組）只許有一個可以正式營業的結髮職人，這樣的專業人士共有八百零八人。之後江戶持續擴張，到了十九世紀已經增加至一千七百個町。

襲擊首都的兩大天災

江戶時代末期的一八六八（慶應四）年七月，江戶改名為「東京」。顧名思義，就是「位於京都東邊的都城」。同年十月，一直位於京都的天皇御所遷移至江戶城，東京成為名符其實的首都。此時，擔任新政府首腦的大久保利通想將首都放在大阪，加上江戶正在修整政務廳舍，政府因此決定遷都。

後來，東京遇到兩次大轉機。最初的轉機是一九二三（大正十二）年九月的關東大地震。這次的震央在相模灣內，在東京下町一帶造成毀滅性災害。江戶時代以來，東京下町興建了密密麻麻的木造房屋，道路狹窄導致消防車無法進入。這次大地震最大的受災原因並非劇烈搖晃，而是火災引起的損害。

地震過後，帝都復興院與東京市要求地主們無償捐出持有土地的一成，供政府實施新的都市計畫，興建比過去道路更寬的昭和通、大正通與永代通等幹線道路。此外，還在都內各處設置綠地，避免火災延燒。

昭和時期，另一個意想不到的悲劇又降臨在完成重建的東京。那就是第二次世界大戰的東京大轟炸。一九四四（昭和十九）年十一月，美軍展開一連串的轟炸行動，次數高達一百零六次，隔年三月的大轟炸造成超過十萬都民喪命。

日本戰敗後，復興東京的做法與關東大地震一樣，以重整行政區劃、鋪設新幹線道路與設置綠帶為基本方針。但有些規劃與駐日盟軍總司令（General Headquarters）主導的日本復興計畫抵觸，事業規模被迫縮小，使得原本預計興建一百公尺寬的道路計畫無法實現，包括下町地區在內的都內各處，再次出現了密密麻麻的木造房屋。

從都市計畫的觀點來看，這次復興有許多問題，但戰後日本與東京的經濟規模受惠於稅制改革與韓戰特殊需求，創造出令人驚豔的奇蹟。一九六四（昭和三十九）年的東京奧運更可說是重要的里程碑之一。

世界之都東京即將在二〇二〇年舉辦第二次夏季奧運，繁華榮景想必將持續下去。

横濱

YOKOHAMA

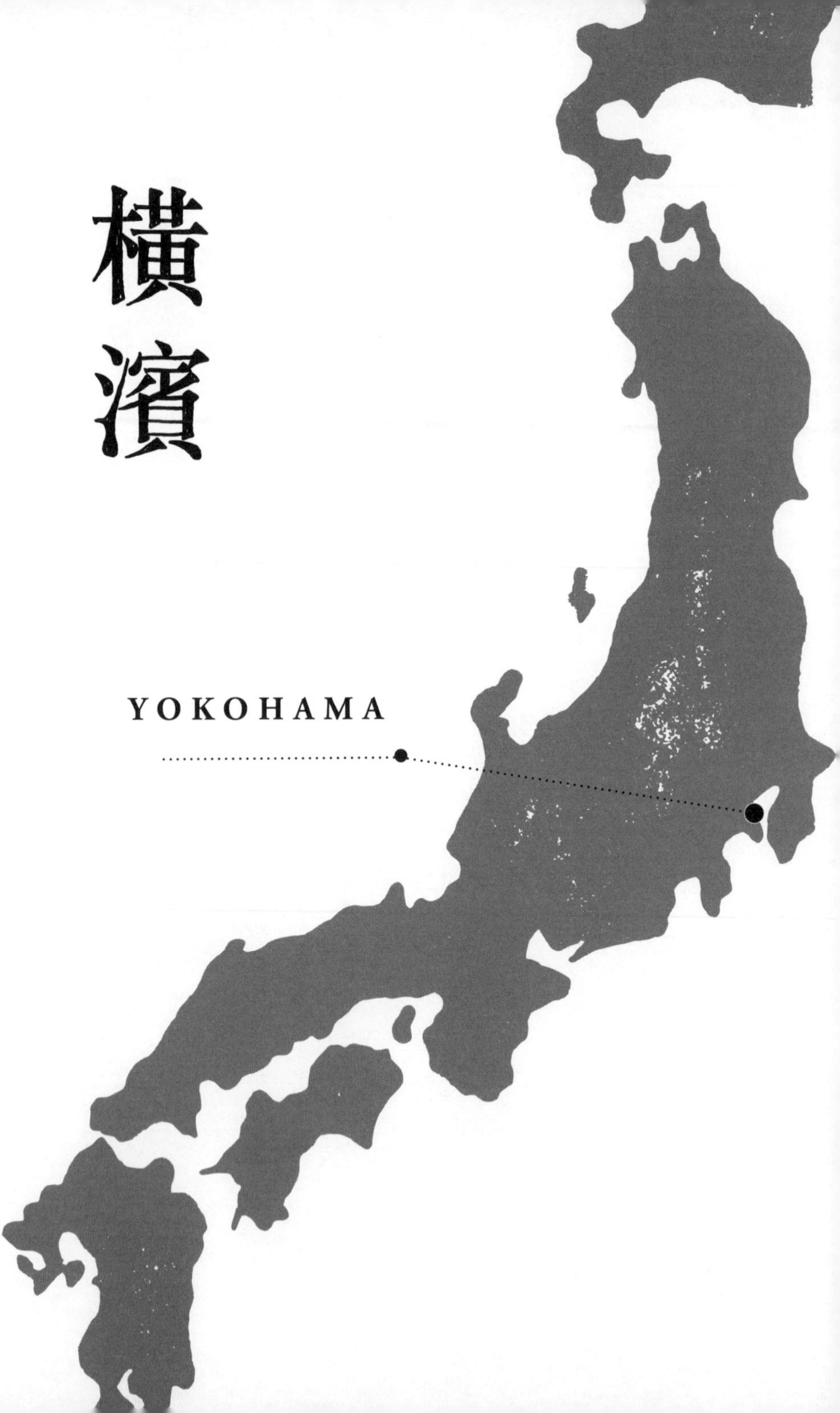

接受並傳播歐美近代文化的港都

橫濱是東京灣岸港中水深最深，最適合大型船舶停靠，且鄰近東京，因而成為日本屈指可數的貿易港。

由於橫濱就在鎌倉旁邊，從中世紀開始，橫濱一帶的港灣就是極為活躍的對外窗口。幕末開港後迅速發展，成績傲人。

開港後受到外國人居留地的規劃，與國家推動生絲出口計畫的影響，橫濱開始積極鋪設鐵路、修築港口，進而成為引進尖端文化的港都。

連結鎌倉與房總的重要據點

橫濱最有名的就是一整排紅磚倉庫，充滿異國色調的港都風情令人流連忘返。幕末開港以來，西方商品陸續由此進入日本，橫濱成為接受並傳播最新流行的中心。包括發行日報、設立銀行、鋪設鐵路與電話，及開設照相館、啤酒釀造廠與西式旅館等，橫濱在許多領域都站穩「日本首創」的地位。

現在的橫濱市南部金澤區的港口六浦津，在中世紀時位於鎌倉幕府後面，地理位置相當重要，可連結鎌倉以及隔著東京灣的房總半島。一二四〇（仁治元）年，鎌倉幕府第三代執權北條泰時親自指揮，興建從鎌倉穿過六浦的山路「朝夷奈（朝比奈）切通」。由於交通變得更方便，鎌倉幕府開始與房總的豪族千葉氏合作，物資可直接橫渡現在的東京灣。

不僅如此，一二七五（建治元）年，以六浦金澤鄉為據點的北條實時（金澤實時）在稱名寺境內興建金澤文庫，收藏大量古典文獻。之後藏書逐漸增加，諸如曾寫下《徒然草》的吉田兼好等許多文人墨客都曾造訪此地。金澤文庫現在由神奈川縣經營，改成縣立金澤文庫圖書館。

位於金澤鄉北邊，現為橫濱市神奈川區的神奈川湊，從中世紀就是東京灣物流集散地之一。

進入江戶時代之後，神奈川湊旁興建了東海道江戶的第三處宿場（旅館）——神奈川宿。宿場町的範圍從現在的京急電鐵神奈川新町站一帶，到JR橫濱站北側附近。不過，幕末開國前的天保年間（一八三〇～四四年），神奈川宿附近保土谷宿的旅籠（旅館）包含本陣在內共六十八處、鄰近的戶塚宿有七十七處，相較之下，神奈川宿只有六十處，基本上規模不算大。

在外國列強要求下被迫開港

一八五三（嘉永六）年六月，美國東印度艦隊司令官培理於浦賀（今橫須賀市）入港，要求幕府開國。隔年，培理再次率領潛艦入港，於現今位於中區的橫濱村簽訂《神奈川條約》（日本稱《日美和親條約》）。由於填海造地的關係，現在的橫濱村一帶地形與過去完全不同。當時的地形有一處橫長形海岬向海突出，因此取名為橫濱村。

培理一行希望在江戶談判，但幕府內部意見不合，擔心引爆戰爭。最後決定遠離江戶，在當時只有九十戶民宅的橫濱村談判。而招待培理一行的地方，就在現今神奈川縣廳旁，該處在一九八一（昭和五十六）年興建橫濱開港資料館。

後來美國與幕府簽訂《美日修好通商條約》，包括箱館與長崎在內，面向東海道的神奈川湊也被迫開港。然而，幕府大老井伊直弼認為，若在人潮出入頻繁的神奈川宿附近開港，並興建外國人居留地，恐怕引發許多紛爭，因此決定在神奈川湊的對岸，也就是橫濱村建構新的港口。

對於此決議，外國公使顯得有些為難，但幕府方面主張「橫濱也是神奈川的一部分」，加上橫濱的水深比東京灣內還深，更適合大型船隻停泊，於是最後決定在橫濱開港。事實上，橫濱港的地理條件確實優越，後來也發展成國際貿易港。

短短數年躋身日本屈指可數的貿易港

橫濱於一八五九（安政六）年七月開港。開港場的範圍在大岡川和中村川之間，位於內側為「關內」、位於外側為「關外」。開港場的西邊有一座連結關內與關外的吉田橋，接著又在現今的西區淺間町一帶，鋪設一條新的橫濱道，與東海道相連。

幕府在現今日本大通東邊的山下町開闢一處外國人居留地，美國與英國商人便在該處興建宅邸。山下町當時聚集著許多中國清朝的商人，和受雇於西洋人的中國勞工，形成了中華街，一直延續到今日。此外，在世界大戰爆發前，橫濱中華街被稱為唐人街或南京町，當地住著許多來自香港或廣東省的中國人。為了建設居留地，幕府將原本住在橫濱村的居民遷至山下居留地的東邊，稱為元村。現在改名為元町。

不料，一八六二（文久二）年，離山下居留地不遠的生麥村（今鶴見區生麥），發生了一起薩摩藩士殺傷英國人的生麥事件。此事使得居留地的外國人加強防備，於現今的「港見丘公園」一帶便有英軍與法軍駐紮，直到一八七五（明治八）年為止。

山下居留地很快變得擁擠，一八六六（慶應二）年發生一場大火，史稱「豚屋火事」。大火過後該地區重新規劃，成為道路寬敞的西式住宅區，兼具防火牆功能、路寬三十六公尺的日本大通也在此時完成。不僅如此，在元村東邊的山手高台也建構了新的外國人居留地。這一連串計畫從幕府開始，在明治維新後由新政府接手，繼續推動。

幾年前還是貧窮村落的橫濱，後來的新住民不只有外國人。日本商人群居在現今日本大通的西邊，人口急速增加。

事實上，在明治維新以前，橫濱的貿易額就遠高於同時間開港的箱館和長崎。那是由於當時日本的出口商品首推生絲，主要產地為鄰近橫濱的關東和甲信地方，才會有這樣的結果。一八六七（慶應三）年，橫濱港的生絲出口額超過五百萬噸。「生絲一港制」的政策讓橫濱港邁入急速發展期。

最初的橫濱車站是現在的櫻木町站？

明治維新後的一八七〇（明治三）年，日本首座西式公園落成，成為居留地外國人的休憩場所。公園裡種植了喜馬拉雅雪松，同時還有日本首座網球場。

一八七二（明治五）年九月，橫濱與新橋之間開通了日本首條鐵路。此時興建的橫濱車站就是現在的櫻木町車站。大正時代為了連接東海道本線，於現今西區的市營地下鐵高島町站蓋了新的橫濱車站，後來車站大樓在關東大地震受損，一九二八（昭和三）年遷至現在的位置。換句話說，現在的橫濱車站是第三代車站大廳。

統御整個東日本海軍的東海鎮守府原先也設置在橫濱，一八八四（明治十七）年搬到橫須賀。橫須賀在幕府末期只是個小漁村，後來成為造船重鎮與軍港，逐漸發展

現在的橫濱周邊地形（上）與明治初期的橫濱港周邊（下）

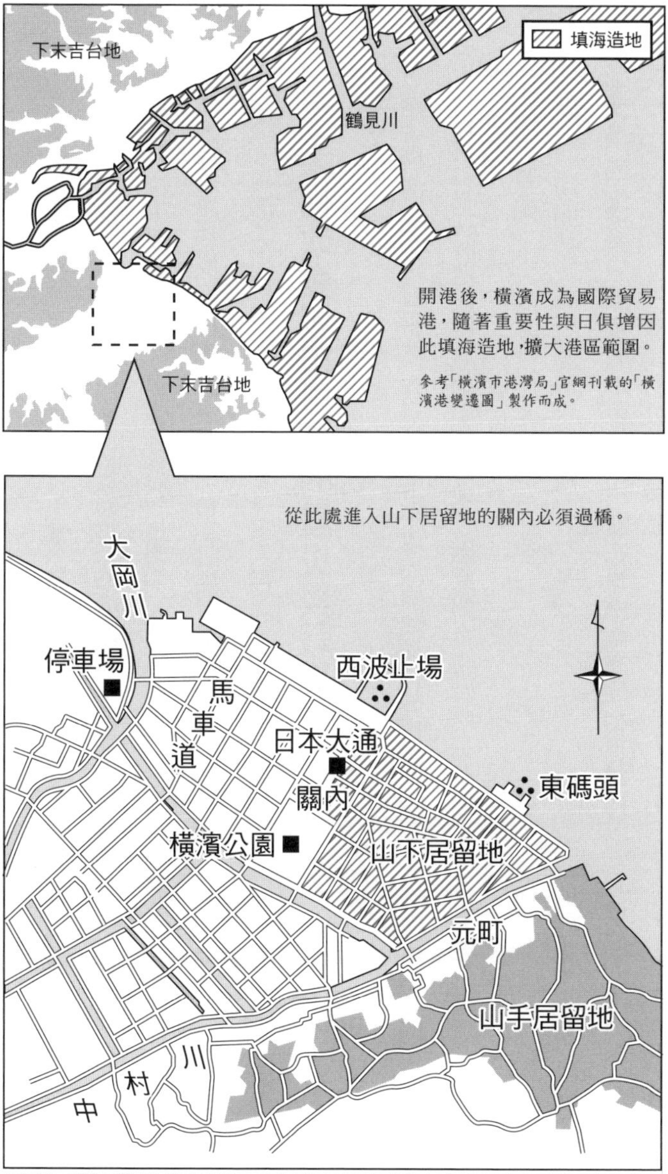
填海造地
下末吉台地
鶴見川
下末吉台地
開港後，橫濱成為國際貿易港，隨著重要性與日俱增因此填海造地，擴大港區範圍。
參考「橫濱市港灣局」官網刊載的「橫濱港變遷圖」製作而成。
從此處進入山下居留地的關內必須過橋。
大岡川
停車場
馬車道
西波止場
日本大通
關內
東碼頭
橫濱公園
山下居留地
元町
山手居留地
中村川

參考橫濱開港資料館藏「The Japan Directory 1889」製作而成。

成神奈川縣的大城市。

英軍與法軍從居留地撤退後，過去的駐屯地改成供外國人居住的住宅區。從一八八七（明治二十）年起，原本位於橫濱的各國領事館紛紛搬往東京。長期以來居留地都是「日本裡的外國」，一八九九（明治三十二）年日本政府與諸國修改條約，將橫濱、神戶與長崎等各地的居留地，正式歸還日本。

大幅改變城市風景的震災與戰災

過去橫濱幾乎沒有平地，自從在沿岸填海造地後，面積急速擴大，經濟蓬勃發展。原本這裡只有丘陵地或與海相鄰的土地，因此如今市區內仍有兩百多處以「坂」命名的地方。

就在一切順利、經濟蒸蒸日上之際，一九二三（大正十二）年九月的關東大地震，給了橫濱一記重拳。關東大地震的震央就在橫濱南方的相模灣內，當時橫濱的人口為東京市（今東京都二十三區的範圍）的五分之一，崩塌毀損的房子約一萬六千棟，受災程度比東京還嚴重。受災狀況如此嚴重的原因包括填海造地的地盤脆弱，加上橫濱從江戶時代初期挖掘了中村川，以及為了區隔外國人居留地與外部區域所開挖的堀川等，此外還有多條運河和河川流經此地，架設在這些河川上的橋樑被地震震毀，使得許多橫濱居民無法逃難。

大地震過後，帝都復興院總裁後藤新平在橫濱與東京實施大規模復興計畫，將過去蜿蜒曲折的道路重新規劃，建設更堅固的橋樑，更設置了山下公園和野毛公園，賦予可以發揮防火與避難的功能。

第二次世界大戰末期，一九四五（昭和二十）年五月，美軍猛烈攻擊（橫濱大轟炸）位於市區南部的工廠地區，除了山手地區和山下公園周邊之外，其他地方再次成為焦土。

到了一九八〇年代，從中區到西區建設了全新的港都未來地區，高達兩百九十六公尺的橫濱地標塔矗立在此區。二〇〇九（平成二十一）年為了慶祝開港一百五十周年，重新修建了位於中區海岸通，幕末時期興建的東碼頭（俗稱「象鼻」），可站在大棧橋上眺望海景的象鼻公園正式開幕。明治時期只是一個貧窮小漁村的橫濱，如今仍持續發展，腳步未曾停歇。

鎌倉

建築在天然要塞的東國武士據點

古都鎌倉有許多知名景點，最具代表性的鶴岡八幡宮是源氏的氏神㊱，源賴朝以這座古社為中心建設鎌倉。鎌倉受到海與山的包圍，位於天然要塞，鑿穿山脈開通的山路（切通）讓新田義貞的大軍吃足苦頭。

鎌倉在進入戰國時期後逐漸衰退，近世成為知名觀光景點，明治以後吸引許多文化人在此定居。「悠久歷史」與「文學氣息」正是今日鎌倉的魅力。

㊱日本居住於同一聚落、地域的居民共同祭祀的神道神祇。

將鎌倉魅力讓世人知曉的黃門大人

不只是日本國內的遊客，鎌倉也是外國觀光客熱愛的旅遊景點。必去不可的鶴岡八幡宮和鎌倉大佛（高德院）皆擁有將近千年的歷史，但這兩處並非總是人潮絡繹不絕，室町後期鎌倉曾是貧窮村落，只靠農業和漁業維生。

鎌倉之所以能成為今日這般的觀光城市，黃門大人，也就是水戶藩主德川光圀居功厥偉。德川光圀遊歷鎌倉與江之島，根據自己的經驗將超過兩百四十處的景點與名勝寫在《新編鎌倉志》裡。這本書就是現在的旅遊指南，江戶中期以後，各地民眾紛紛前往鎌倉遊覽。

鎌倉吸引德川光圀的地方與其為正統武家政權發祥地不無關係。德川光圀的祖父德川家康自稱為河內源氏，亦即新田氏後裔，崇拜鎌倉幕府初代將軍源賴朝。

鎌倉原是桓武平氏一族，平直方的領地。源賴義平定平忠常之亂，平直方欣賞他的武勇英姿，不僅將女兒嫁給他，也將鎌倉的領地送給他。源賴義勸請（神靈分祀）京都的石清水八幡宮（源氏氏神），在由比鄉（今鎌倉市材木座）建造了鶴岡（由比）若宮。此後，鎌倉成為河內源氏的據點。

源賴朝以鶴岡八幡宮為中心打造城市

源賴朝是源賴義以下的第六代子孫，一一八〇（治承四）年趁著出兵討伐平氏進入鎌倉。此處適合防禦，這是他選擇在鎌倉建立政權的主因。

鎌倉的南南西方為相模灣，三邊受到丘陵圍繞，位處天然要塞。源賴朝在石橋山之戰落敗後，輾轉逃往安房（今千葉縣南部）。史書《吾妻鏡》記載當地豪族千葉常胤說的話：「您住的地方既非要塞之地，也不是祖先發跡之處，應儘速前往相模國鎌倉定居。」千葉常胤在源賴朝心中的地位如父親一般，他決定聽從千葉常胤的話，將據點遷往鎌倉。

源賴朝進入鎌倉後，首先將荒煙蔓草的鶴岡若宮遷至小林鄉北邊，成為現在的鶴岡八幡宮。宮社位於平原北邊的丘陵中段，接著開通若宮大路，通往相模灣海岸。將軍御所、幕府廳舍以及家臣宅邸大多沿著由北往東的山邊興建，並圍繞著這些建築物，在東西邊的山麓或山腰興建許多寺院，高德院就是其中之一。

仔細對照就會發現，源賴朝的宅邸位於現在的清泉小學一帶，稱為大倉的地方。大倉御所除了將軍御所外，還有御家人住的侍所、負責執行行政業務的公文所

（後來的政所）、主司訴訟的問所等官方機構。不過，大倉御所執行政務的時間只到一二二五（嘉祿元）年，之後政廳遷移至鶴岡八幡宮以南的宇都宮辻子。

遷移主要是受到幕政大幅更新的影響。源賴朝的嫡系已經斷絕，第三代執權北條泰時在幕後操控京都的公家藤原賴經，將幕政改為以執權為主的合議制。不過，政廳遷至宇都宮辻子也只有短短的十二年，之後再次遷往宇都宮辻子北邊（若宮大路御所）。至於遷移的原因至今仍不清楚，有人認為這不是搬家，而是擴展。

此外，「辻子」是小道的意思。鎌倉市區以若宮大路、東邊的小町大路與西邊的今大路為幹線道路，連接大小通道。宇都宮辻子是連結若宮大路與小町大路的道路，由於武將宇都宮朝綱的宅邸在此，因此取名。

位於主街的若宮大路是以平安京的竹雀大路為原型建造的。當時全長約一千八百公尺。如今車道中央有參道（譯註：民眾到廟宇、寺院等祭祀場所參拜的道路），第二鳥居與第三鳥居之間的道路則比前方道路高一些。這段參道稱為段葛，據說是為了祈願源賴朝的妻子北條政子順產才興建的。

此外，段葛的特色是愈接近鶴岡八幡宮，道路就愈狹窄。這是利用遠近法，在視覺上看起來鶴岡八幡宮位於很遠的地方，發生戰役時也不容易被攻陷。

發展成高度商業化城市

將焦點看向郊區，各地街道和港口設備完善，與西國和宋朝從事貿易往來，獲得的物資收益不僅有助於幕府財政，也有助於改善庶民生活。位於三浦半島東岸的六浦（今橫濱市金澤區），風平浪靜，屬於天然良港，是幕府最重視的外港。這一帶製鹽業相當興盛，連結六浦與鎌倉的朝夷奈（朝比奈）切通又被稱為「鹽之道」。

此外，對幕府來說，和賀江島（鎌倉市材木座）是與六浦同樣重要的外港，也是日本現存最古老的港灣設施。鎌倉市內有一條南北流向的滑川流入相模灣，如今河口西岸稱為由比濱、東岸稱為材木座海岸。顧名思義，材木座的地名來自鎌倉時代從事木材業的公會組織。

當時的滑川河口匯入相模灣，應該具備跟和賀江島一樣的港灣設施。總而言之，鎌倉既是「武士之都」，也是高度發展的商業空間。此外，當時鎌倉的人口約達三萬人。

現在的鎌倉地形（上）與鎌倉時代御所周邊圖（下）

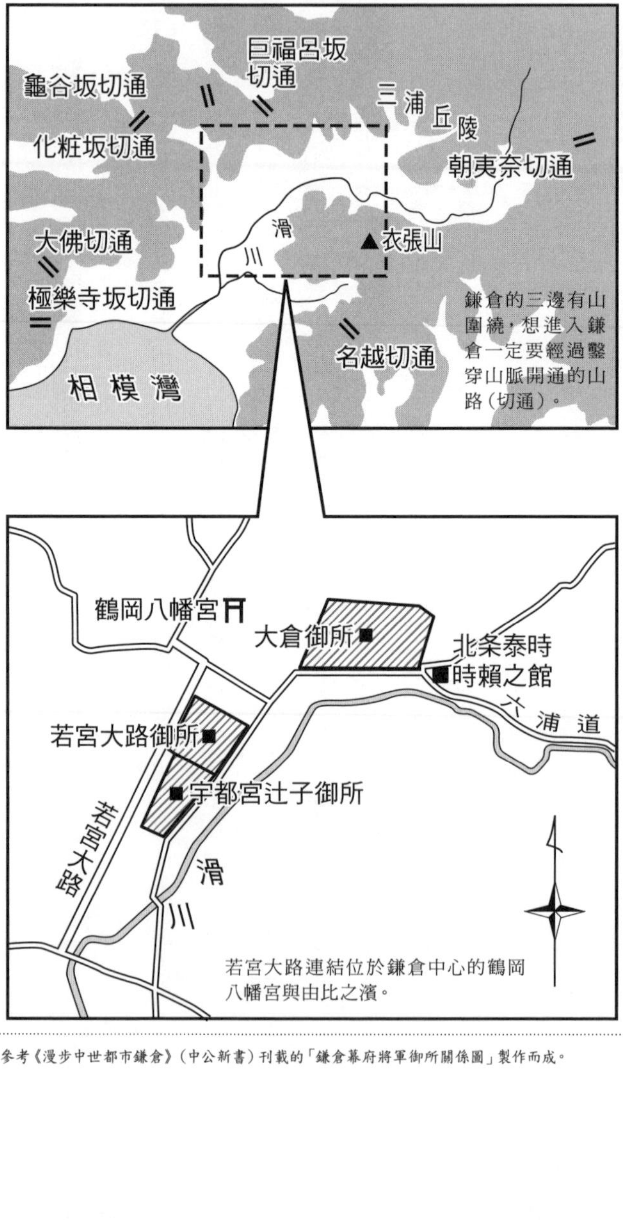
巨福呂坂
切通
龜谷坂切通
三浦丘陵
化粧坂切通
朝夷奈切通
滑川
衣張山
大佛切通
極樂寺坂切通
鎌倉的三邊有山圍繞，想進入鎌倉一定要經過鑿穿山脈開通的山路（切通）。
名越切通
相模灣
鶴岡八幡宮
大倉御所
北条泰時
時賴之館
六浦道
若宮大路御所
宇都宮辻子御所
若宮大路
滑川
若宮大路連結位於鎌倉中心的鶴岡八幡宮與由比之濱。

參考《漫步中世都市鎌倉》（中公新書）刊載的「鎌倉幕府將軍御所關係圖」製作而成。

七條切通建構完美防禦線

在陸路方面，鎌倉街道規劃得十分完備。鎌倉街道不是一條道路，而是鎌倉周邊幾條古道的總稱。御家人們經由鎌倉街道進入鎌倉，出入口是鑿穿山脈開通的山路，也就是俗稱的切通。主要切通從鶴岡八幡宮西北邊的龜谷坂開始，依順時針方向分別是巨福呂坂、朝夷奈（坂）、名越（坂）、極樂寺坂、大佛（坂）與化粧坂，共七條，稱為「鎌倉七口」。

新田義貞進攻鎌倉時，曾在切通發生激烈大戰。一三三三（元弘三／正慶二）年，新田義貞響應後醍醐天皇起兵，有一說認為他帶領六十萬騎大軍入侵相模灣（今神奈川縣）。新田義貞兵分三路，攻擊巨福呂坂、極樂寺坂與化粧坂，對抗的幕府軍強力反擊，新田軍久攻不下。

新田義貞決定改變戰略，繞行至稻村崎的海岸，從由比之濱攻入鎌倉。鎌倉市街瞬間遭到攻占，北條得宗家（本家）當主——第十四代執權北條高時，在鶴岡八幡宮東邊的東勝寺與家族臣下一起自盡。

如今東勝寺遺跡有一座名為「切腹櫓」的洞穴，放置著弔唁北條一族的石塔和卒塔婆（佛塔）。「櫓」指的是在岩壁鑿開的橫式墓窟，大佛（坂）與名越（坂）可看到大規模墓窟群。

隨著鎌倉幕府滅亡而衰退

鎌倉幕府滅亡後，河內源氏的足利尊氏出任第一代將軍，建立室町幕府。《建武式目》㊲裡記載足利尊氏構思的將軍御所所在地，看似會在鎌倉設立幕府。最後足利尊氏選擇落腳在京都，但鎌倉依舊是東國武士的象徵地點。足利尊氏在鎌倉幕府舊址設置鎌倉府，給予公方（長官，代表統治者）東國十國的統治權。

不料，公方的絕對權力引來東國武士反彈，與幕府之間產生嫌隙。第四代公方足利持氏與幕府對立，其子成氏持續對抗，最後被逐出鎌倉。

戰亂之中，輔佐鎌倉公方的關東管領上杉家也發生同族相爭的情形。大家都知道，室町時代的上杉家分成山內上杉與扇谷上杉兩家，其實還有犬懸上杉、宅間上杉等分支。山內、扇谷、犬懸、宅間等都是鎌倉的地名。

其中犬懸家與宅間家從一四一六（應永二十三）年的上杉禪秀之亂後沒落，形成山內與扇谷兩家激烈對立的局勢。可惜的是，這兩家後來也被新興勢力後北條家擊退，鎌倉從此變成後北條家的領地。

洋溢文學氣息的近代鎌倉

誠如一開頭所說，鎌倉在江戶中期以後再次進入繁榮期。當時的鎌倉是許多寺社的門前町，一八八九（明治二十二）年橫須賀線開通後，因交通便利，再加上氣候也很溫暖，逐漸演變成適合休養生息的養生勝地。鎌倉市街洋溢歷史風情，深受文人墨客的喜愛，島崎藤村、夏目漱石、芥川龍之介等文豪都定居於鎌倉。

昭和時期出現「鎌倉文士」的稱號。一九三三（昭和八）年，以里見弴與久米正雄為主組成鎌倉筆會（鎌倉 pen club）。大戰末期的一九四五（昭和二十）年五月，久米正雄、川端康成與小林秀雄等人創設鎌倉文庫。這些住在鎌倉的文學家捐出自己的

㊲一三三六（延元元／建武三）年，足利尊式建立室町幕府時提出的政治方針綱要。

藏書，成立一間借書店（貸本屋）。由於戰爭中期與末期民不聊生，百姓生活困頓，鎌倉文庫提供貧窮市民難得的休閒娛樂。

與鎌倉淵源頗深的文化人據說超過三百人。二十世紀的百年間醞釀出迷人的文學芳香，鎌倉不只具有悠久的歷史，濃郁的文學氣息也成為其最大的魅力所在。

小田原

ODAWARA

長達百年的戰國北條家據點

小田原城是關東具有代表性的名城，過去只是一座小城。以東國為目標的北條早雲基於策略奪取此城，以此為制霸關東的根據地。其子孫也在軍事與民政方面有所發揮，使小田原成為先進繁榮的城下町。

小田原又稱為江戶西方的玄關，是江戶幕府的軍事要衝。城下繁華的宿場町傲視東海道，旅人們都在此處整裝待發，做好準備後再邁向險峻的箱根山區。

早雲曾是室町幕府的高級官員

走出小田原車站西口，就會看到一尊英姿煥發的騎馬武者雕像。這座雕像的主人是北條早雲，他就是建構北條百年王國基礎的大名。

「早雲」是他出家後的名字，本名是伊勢新九郎。伊勢家屬於桓武平氏一族，不只是名門，也在室町幕府擔任要職，出任政所執事。年輕時的早雲也在第九代將軍足利義尚身邊擔任「申次眾」一職。申次眾相當於現在的首相祕書官。

早雲的姊姊（也有人說是妹妹）嫁給今川家，今川家發生家督之爭時，早雲為了平定內亂前往駿河（今靜岡縣中部）。後來外甥氏親就任當主，他也成為今川家的客將。

一四九五（明應四）年，早雲滅了與幕府為敵、位於伊豆（今靜岡縣東部）的堀越公方（室町幕府分支機構之一），並打算以韮山城（靜岡縣伊豆之國市）為據點平定伊豆，最後進軍相模（今神奈川縣）。他第一個目標就是由扇谷上杉家重臣大森家治理的小田原城。

受到山河與海包圍的天然要塞

「小田原」地名的由來眾說紛紜，有人認為來自於帶有廣大平原之意的「大田原」，也有人認為以草書書寫「小由留木」遭到誤認，才會變成「小田原」。

小田原城位於從箱根山延伸出的丘陵麓部，現在的市區範圍一直延伸到由箱根山、丹澤山與相模灣圍繞的足柄平野南端。不只受到山與海的包圍，東北邊還有酒匂川、西南邊有早川相隔，因此小田原是很難攻陷的天然要塞。

現在的小田原城天守閣位於JR東海道線南側，大森家的城堡在線路北邊，本丸就在現今的小田原高校附近。當時的曲輪稱為「八幡山古郭」，現在的東曲輪遺跡已整建成史跡公園。（譯註：曲輪是指郭內規劃，主要是以石垣、土壘、堀為界，規劃城內各區域（本丸、二之丸、三之丸、N之丸）的範圍）

與早雲攻陷小田原城有關的文獻資料相當少，細節並不清楚。但根據「軍記物㊳」的記述，北條早雲在牛角綁上火炬，將牛群放入城裡，趁著守城將士大亂之際攻陷城堡。不過，一般認為這段內容是江戶時代創作出來的虛構故事。

在名將指揮下開發城下町

北條早雲平定相模後，一五一九（永正十六）年去世，家督由嫡子氏綱繼承。氏綱將本城從韮山遷到小田原，並將姓氏從伊勢改為北條。韮山過去曾是鎌倉幕府執權北條家的固有領地，氏綱以繼承人自稱，取得統治關東的正當性。

小田原市街由北條氏綱著手打造，町屋沿著甲州道與東海道興建，不只農民，還有許多商人和工匠在此居住。連結支城的街道旁，持續興建宿場和車站。北條領地在這些驛站放置馬匹，以接力方式換馬，運送物資，稱為「傳馬制」。傳馬制正是北條家繁榮興盛的原因之一。

北條氏綱之後由北條氏康繼任，將小田原城的本丸從八幡山的尾根遷移至現在的地點。北條氏康認為北條家必須有效率地經營城下町，因此才在離平地較近的地方興建新城池。

以城市角度來看，小田原最先進的地方在於鋪設了日本第一條上水道。這條水源來自蘆之湖的「小田原用水」，以早川流域的板橋（小田原市板橋）為取水口，將水引至江戶口（小田原市濱町）。板橋附近的水路為明渠，現在依舊可見渠道。依此規劃興建的小田原城下景觀，可說是近世城下町的先驅。

北條氏康素有「相模獅子」之稱，不只民政安定，在軍事上也發揮卓越才能。一五四六（天文十五）年的河越夜戰（河越城之戰），僅以八千兵力就擊退率領八萬兵馬的山內上杉、扇谷上杉與古河公方聯軍。這場戰役確立了武藏（今東京都與埼玉縣）的統治權，小田原成為統治權擴及南關東的北條王國首都。

以廣大總構[39]迎戰秀吉大軍

進入豐臣秀吉主政的時代，就任關白（相當於中國古代的宰相）的秀吉命令全國大名上洛（進入京都）。不過，北條氏政（氏康的嫡子）懷抱著制霸關東的野心，嚴辭拒絕豐臣秀吉的命令。

㊳「軍記物」是盛行於鎌倉、室町時代，以戰爭為主題的文藝作品。

㊴又稱惣構。構指的是中世、近世的日本城郭中用來防止敵人侵入的區域規劃，戰國時代後出現了城的本體和城下町都用土壘或護城河包圍的總構。

一五九〇（天正十八）年，豐臣秀吉號召全國大名攻打小田原（小田原之戰）。收下戰帖的北條家經過漫長會議之後，決定籠城自守。事實上，北條氏政有很大的勝算，他早就知道自己將與豐臣秀吉對決，於是從三年前就在小田原城四周興建大規模總構。

這座總構是小田原城的最大特色。外圍達九公里左右，不只本丸、二之丸和三之丸，就連城下町也用護城河與土壘（土堤）包圍。總構內有農田，因此小田原城可籠城長達數年。

總構的遺構如今存在於小田原市內各處，在稻荷森（小田原市鴨宮）可看到當時的護城河遺跡，不過現在已經乾涸。此外，小峯御鐘之台大堀切（小田原市城山）是北條氏康興建的，是全國最大規模的乾涸護城河遺跡。

不只是總構，八王子城（東京都八王子市）、鉢形城（埼玉縣寄居町）、山中城（靜岡縣三島市）等遍布關東的支城群也強化了北條家的軍事力量。北條氏政在重要據點的城堡安置一門眾（族人），建構出廣大且穩固的防禦網。

儘管如此，仍舊彌補不了五萬六千名北條軍，和二十二萬豐臣大軍之間的差距。北條家的支城紛紛陷落，士兵四處逃散。就連重臣也陣前倒戈，氏政、氏直父子降伏。北條家的繁華就此畫下句點。

北條氏政統治下的小田原城周邊圖

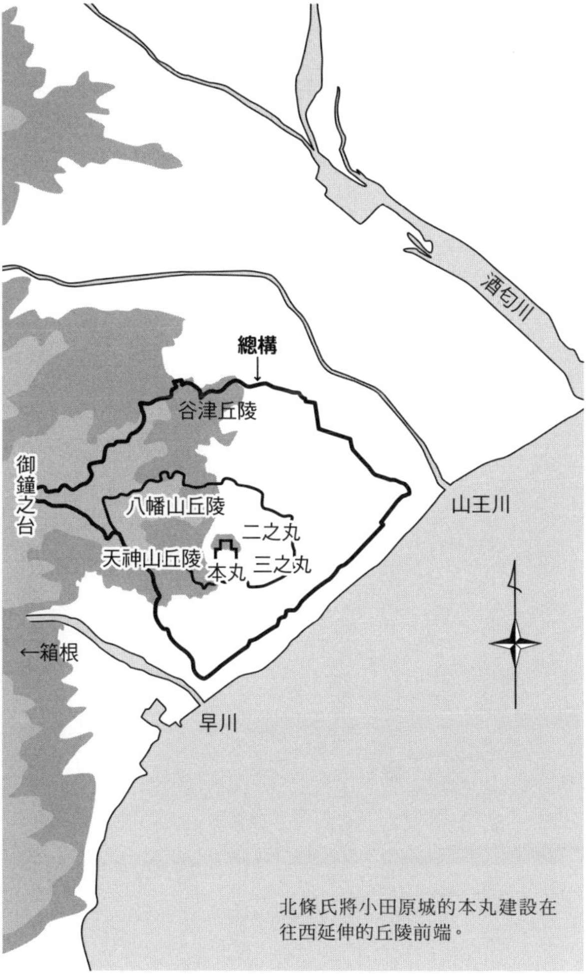
酒匂川
總構
谷津丘陵
御鐘之台
八幡山丘陵
二之丸
天神山丘陵
本丸
三之丸
山王川
←箱根
早川
北條氏將小田原城的本丸建設在往西延伸的丘陵前端。

參考小田原城「小田原城與小田原之戰攻防圖」製作而成。

轉型為東海道宿場町

小田原是關東的西邊門戶，在軍事上是相當重要的據點，幕藩體制下的小田原藩歷來由大久保家、稻葉家等德川家康的重臣擔任藩主。

此外，小田原是東海道第九個宿場町，往前就是險峻的箱根深山。小田原同時也是東海道規模最大的宿場町，全盛期共有將近一百家旅籠（旅館），許多旅人在此做好穿越箱根的準備。

順帶一提，江戶中期的熱銷商品之一，就是童謠《猴子轎夫》（お猿のかごや）中提及的小田原提燈。小田原提燈的燈籠本身呈風箱狀，可伸縮摺疊，方便攜帶，當時十分普及。

明治時代以後，小田原馬車鐵道與熱海鐵道開業，小田原擠滿了到箱根與熱海旅行的遊客。大正與昭和時期，遭受關東大地震與小田原空襲，當地受創甚鉅。後來重建的市街景緻隨處洋溢著江戶時代宿場町的風情。

諏訪

信仰與高科技產業共存的門前町

日本山區較多，因此建構在內陸盆地的城市也相當多。諏訪位於山地面積超過八成五的長野縣中部，是最具代表性的盆地城市。

四周都是群山圍繞的諏訪湖畔，有一座古代興建的諏訪大社，直到現在信徒仍是絡繹不絕。諏訪家在諏訪大社擔任神職，除了戰國時代的短暫期間外，諏訪家從中世紀就一直統治著諏訪。由於此處平地較少，不適合種稻耕作，加上位於連結近畿、關東與東北的交通要衝，發展出與沿海城市截然不同的歷史。

諏訪湖周邊地形

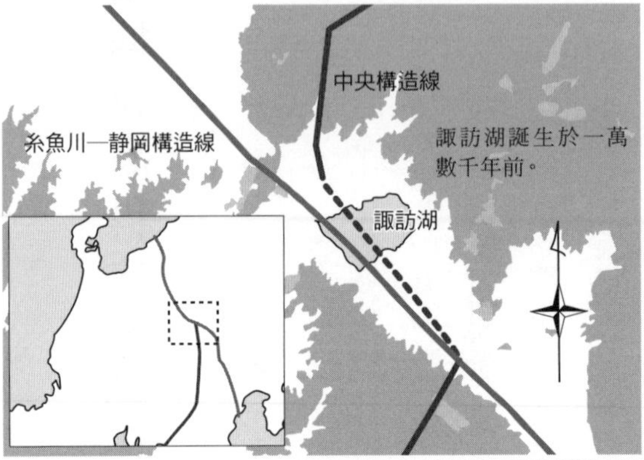
中央構造線
糸魚川—靜岡構造線
諏訪湖誕生於一萬
數千年前。
諏訪湖

御神體為高山與樹木

諏訪盆地幾乎位於長野縣的中央，海拔高度七百五十～一千兩百公尺，是日本盆地中最高的。該地有兩大斷層交會，分別是將日本列島東西橫切的「中央構造線」，與縱貫本州中央的「糸魚川靜岡構造線」。河水流入斷層活動造成的凹地，形成諏訪湖。諏訪湖南方為諏訪市，北邊為下諏訪町與岡谷市市區。

日本各地有大大小小的祭典，諏訪大社每六年舉行一次「御柱祭」。每到寅年與申年，諏訪人要從山上砍伐高十七公尺的巨木立在神社境內，壯觀的場景揚名海內外。從北海道到九州，諏訪神社在日本全國超過一萬間，諏訪大社是總本社，諏訪就是諏訪大社的門前町。

諏訪大社共有四個宮，諏訪湖南邊為上社的前宮與本宮；北邊為下社的春宮與秋宮。其特色在於本殿沒有建築物，上社有往南延伸的守屋山，下社有杉木和日本紅豆杉等御神木，人們直接將山與樹當成神祇祭拜。話說回來，古代的神道通常沒有固定的神社建築，而是直接將自然形成的岩石和山當成神祇寄宿的地方。傳承古代信仰的諏訪大社可說是日本最古老的神社之一。

從神職演變成大名的諏訪家

諏訪四周群山環繞，從繩文時代就有許多聚落，自古從事農耕。《古事記》中記載，建御名方神不滿天照大神統治出雲，後來戰敗逃至諏訪，與諏訪土著神八坂刀賣神一起成為諏訪大社的祭神。因此有人認為，諏訪之地自古就從出雲傳入農耕等先進文化。

律令時代以後，諏訪成為連結畿內與東北的東山道必經之地；平安初期，坂上田村麻呂討伐蝦夷時，途經諏訪大社祈求勝利。其實，御柱祭開始的正確年代不明，不過在《諏訪大明神繪詞》中，記載著關於諏訪大社的緣起。約在八世紀左右，桓武天皇命令信濃國司舉行諏訪大社的式年造營[40]，也就是御柱祭。

諏訪大社的神職領袖稱為「大祝」，諏訪家代代擔任大祝職務。在諏訪家擔任歷代神長官的守矢家，是六世紀與蘇我家政爭失利，逃至諏訪的物部守屋後代。相傳上社的御神體守屋山也是物部一族興建的神社，但此說法未獲證實。

鎌倉時代爆發承久之亂，諏訪家與幕府執權北條家結盟，從此發展成勢力龐大的武士團。戰國時代，諏訪家與信濃守護職小笠原家、更級郡的村上家、木曾谷的木曾家並稱信濃四大將。

一五四二（天文十一）年，甲斐的武田家攻打諏訪家，導致諏訪家滅亡，蟄伏一段時間。隨後諏訪的統治權由武田家拿下，之後又轉移至織田家手中。豐臣執政時期成為諏訪領主的日根野高吉，於一五九八（慶長三）年在諏訪湖東南邊興建高島城。另一方面，一心想中興家族的諏訪賴忠拜服在德川家康麾下，隨之平定信濃。江戶幕府成立後重返諏訪。

引湖水為護城河的高島城

㊵每隔一段時間就要將神社本殿與其他社殿的木材汰舊換新。

諏訪大社與街道的相對位置

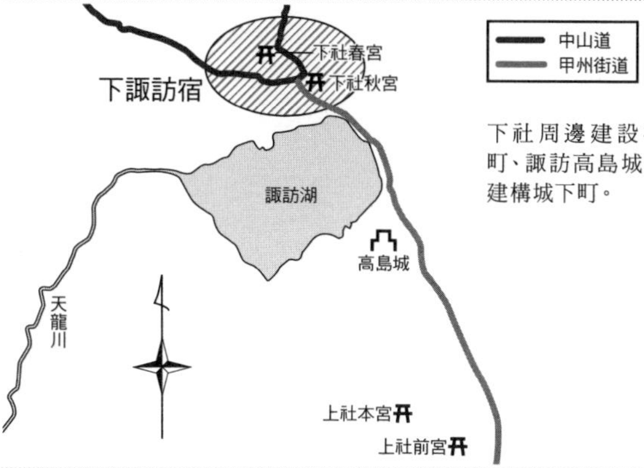
中山道
甲州街道
下諏訪宿
下社春宮
下社秋宮
諏訪湖
高島城
天龍川
上社本宮
上社前宮

下社周邊建設宿場町、諏訪高島城一帶建構城下町。

一六四八（慶安元）年，第三代將軍德川家光對諏訪大社的上社與下社分別捐獻一千石和五百石領地。諏訪大社於是從諏訪藩（高島藩）獨立，以神社領地的名目維持營運。諏訪家也分成擔任神職大祝的一族，與在高島城從事政務的大名家。

現在的高島城東側有一條國道二十號，再往東邊就是舊甲州街道，那一帶是過去的城下町屋街。

面湖的高島城又稱為「諏訪的浮城」。江戶時代的諏訪家圍墾湖畔，擴大城下町與農地範圍，開挖衣之渡川、中門川、角間川等河川，作為城堡的外護城河。現在的諏訪湖水深平均只有四公尺，但直到戰國時代，諏訪湖的水深還有數公尺。

另一方面，諏訪湖東北方的下諏訪在中山道與甲州街道的分岔點設置宿場，無論是大名參勤交代，或朝廷定期派往日光東照宮的例幣使㊶都會利用此處。雖然規模比較小，但這是中山道的宿場町中唯一有溫泉的地方，因此深受旅人喜愛。

下諏訪宿中，由小笠原家系的岩波家經營的本陣，是許多大名與公家喜愛的住宿場所。岩波家從京都邀請專業工匠，在此打造中山道宿場中最美的庭園。幕末時期的一八六二（文久二）年，從京都到江戶嫁給第十四代將軍德川家茂的和宮親子內親王一行人，就在岩波家住宿。

順帶一提，中山道下諏訪宿旁的鹽尻宿，是從太平洋側的三河（今愛知縣東部）與日本海側的糸魚川兩地，往內陸運鹽的「鹽之道」終點。簡單來說，諏訪盆地的特色就是道路四通八達，交通十分方便。

戰前是日本最大的生絲產地

信濃多山，不利稻作，從江戶後期開始栽種桑樹、推廣養蠶，愈來愈多農家在冬天製絲，當成副業經營。

明治維新後，政府推動殖產興業政策，生絲成為日本最具代表性的出口商品，長野縣是生絲的一大產地。諏訪盆地的諏訪湖有水利之便，附近興建不少製絲工廠，從鄰近縣城聘雇員工。一八七九（明治十二）年，全國製絲工廠超過一半以上集中於長野縣內，縣內的製絲勞工約三分之一都在諏訪、岡谷一帶工作。

二十世紀初，日本生絲出口量位居世界第一，曾經有一段時間近半數的生絲都在諏訪生產。

昭和初期到諏訪工作的製絲工人中，有將近三分之二是女性。如今還位於諏訪湖畔通的片倉館是她們休閒的好去處。片倉館是靠製絲業致富的片倉財團，在一九二八（昭和三）年興建的西式風格溫泉設施，許多員工在此泡湯，消除疲勞。

……

㊶護送供奉神明用的幣帛至寺廟的使者。

第二次世界大戰末期，許多老闆從東京逃至諏訪開工廠。戰後的諏訪以此為基礎，發展時鐘、相機、醫療儀器等精密機械工業，精工舍（日後的精工愛普生）等企業紛紛進駐此地。由於這個緣故，外界將位於深山的諏訪稱為「東洋瑞士」。遺憾的是，產業發展引起各種環境問題，工廠排水導致諏訪湖水質出現變化，水溫全年偏高，大量藻類繁殖，湖水看起來偏綠。地方政府致力於淨化水質，到了二十一世紀之後，終於見到成效。

產業問題最終獲得解決，如今一如往常地舉辦御柱祭，維持產業與信仰的共存關係。

新潟

因西迴航路而繁榮的日本海側首屈一指的港都

近世以前的新潟是遍布在日本海側的眾多港都之一。由於水量豐沛的信濃川流經新潟，使其成為水運中心，進而發展成日本海側首屈一指的港口。

時至今日，新潟經由許多航線與外國往來。港口成為國際貿易港，新潟市也成為日本海第一的港灣城市。

話說回來，新潟的市區樣貌是如何隨著港口蓬勃發展？讓我們回顧歷史，一探究竟吧！

與河川奮戰從中成長

新潟市以信濃川的河口流域為中心地區，人口超過八十萬，是日本海側唯一的政令指定都市[42]。境內擁有日本國內第四大的越後平原，水田面積也是全日本最多，屬於農業都市。不過，新潟市之所以有今日樣貌，全歸功於與河川的長期抗戰，人們努力克服河川問題的耐心與毅力。

信濃川起源於甲武信岳，流經長野縣（在長野縣稱為千曲川）、新潟縣內，與從東邊過來的阿賀野川共同匯入日本海，全長三百六十七公里，是日本最長河川。每年水量也是全日本第一。豐沛的水量可以滋潤農田，但有時也會引發洪水，從上游帶來大量砂土。

戰國時代以前的越後平原時發洪水，海岸線與現在不同，存在著許多「潟湖」。潟湖指的是河川運來的沙土在河口處堆積成堤防，接著延伸到對岸，封閉入海口，與外海完全區隔的湖泊。據說新潟這個地名來自於信濃川與阿賀野川這兩條河川的河口附近形成的「新潟湖」。

洪水頻傳的信濃川所影響的不僅是地形的改變，更嚴重的是必須遷移新潟市街。

一六三一（寬永八）年發生的洪水使得信濃川下游的河流與阿賀野川匯流，砂土墊高河底，導致船隻難以停靠新潟津。

於是在一六五五（明曆元）年，新潟市街遷移至信濃川的中洲寄居島與白山島，也就是現在的位置。接著更在島的東邊建設港口。遷移後的市街就是現在的古町地區。新港水深較深，便利性佳。

遷移市街時重新規劃了行政區域，完成以本町通（今中央區）為軸心，由南北五條馬路貫穿的都市結構。

十八世紀之後，越後平原長久以來困擾著新潟人的治水問題終於獲得改善。一七三〇（享保十五）年，在新發田藩主導下興建一條水道（松埼掘割），將阿賀野川直接引入日本海，不僅促進新田開發，水位較高時也有利於排水。

緊接著於一八一七（文化十四）年，農民開挖新川，將水排至日本海，藉此放光

㊷日本基於《地方自治法》由行政命令指定的城市自治制度，獲指定者擁有較其他市更多的地方自治權力。

新潟市河口地區的地形

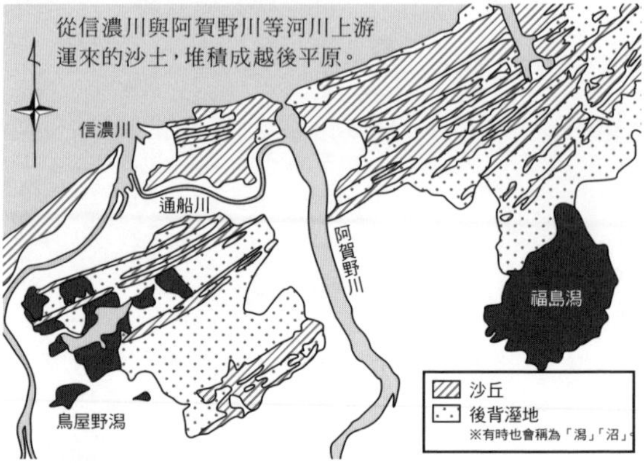
從信濃川與阿賀野川等河川上游
運來的沙土，堆積成越後平原。
信濃川
通船川
阿賀野川
福島潟
鳥屋野潟
沙丘
後背溼地
※有時也會稱為「潟」「沼」。

參考「阿賀野川是好地方！流域通信」官網圖片製作而成。

江戶前期的新潟津周邊

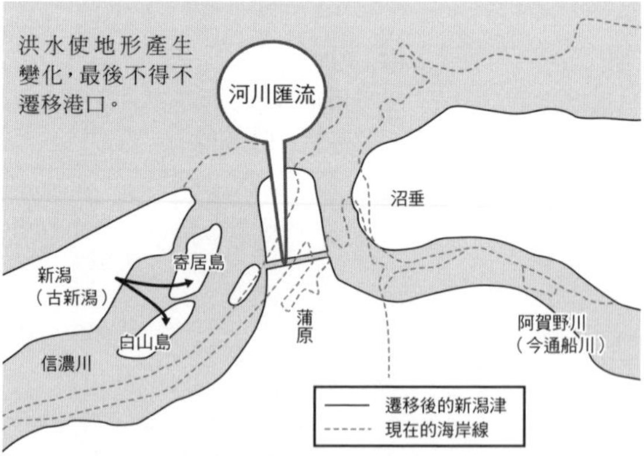
洪水使地形產生
變化，最後不得不
遷移港口。
河川匯流
沼垂
寄居島
新潟
（古新潟）
白山島
蒲原
信濃川
阿賀野川
（今通船川）
遷移後的新潟津
現在的海岸線

參考新潟中心商店街協同組合官網「新潟古町」圖片製作而成。

水患嚴重的信濃川流域裡的西蒲原郡的三潟（大潟、田潟、鎧潟）裡的水。開挖新川可說是整個江戶時代，規模最大的挖掘工程。

這些水道使得越後平原的圍墾工程順利進行，增加米的產量。新川現在架設了一座鐵製高架渠，成為新潟市西區、西蒲區一帶的主要排水道。長年治水擴大了稻田範圍，稻米收穫量暴增，使得新潟一帶成為米鄉。

變身為日本海側第一的貿易港

現在的新潟港分成兩個，分別是有渡輪碼頭的舊新潟港「西港」，與一九六九（昭和四十四）年開港，具有外資貨櫃基地與天然瓦斯等能源供應基地功能的「東港」。此外，身為日本海側唯一的國際貿易貨櫃轉運中心，新潟港不只與俄羅斯海參崴、中國青島、韓國釜山等有往來，此處還有通往東南亞各國的海運航線。

新潟港之所以成為貿易港，要回溯至奈良時代。信濃川河口在奈良時代早就有了港口，名為蒲原津，是船運的重要據點。平安中期編纂的法令集《延喜式》將蒲原津定為國津，也就是越後國官方港口，成為人與物資聚集的交通要衝。南北朝時期還為了爭奪蒲原津發生戰爭，其重要性由此可見一斑。

直到戰國時代為止，阿賀野川的河口東岸有「沼垂湊」、信濃川河口西岸有「新潟津（湊）」兩個港，加上蒲原津，俗稱「三津」。越後大名上杉謙信在此設置代官，負責管理三津。

目前已經證實新潟地名第一次出現在文獻上，是在戰國時代。根據《越後過去名簿》記載，一五二〇（永正十七）年，高野山清淨心院有來自「新方」（日文讀音與新潟相同）的人委託供養。

開港後的新潟津比過去更方便，取代蒲原津成為新潟的主要港口。一五八六（天正十四）年，謙信的接班人上杉景勝奪回遭到戰國武將新發田重家霸占的新潟津。他還趁勝追擊，滅掉新發田氏，統一越後國。新潟的城市原型就在此時建構，慶長年間成形。此外，蒲原津在十七世紀後期廢港。

之後，上杉氏奉豐臣秀吉之命前往會津，為了建設伏見城，新潟成為物資集散地，與中央政權的關係愈來愈穩固。

到了江戶時代，新潟屬於長岡藩領，沼垂成為新發田藩領地。長岡藩打出免除賦役政策，鼓勵貨船商船停靠新潟，振興商業貿易。不僅如此，還建設包括新町、材木町、洲崎町等新市鎮，擴大新潟的市街規模。

此時打造的市街正是現在的東中通往海岸一帶。受到洪水影響遷移市區，新潟湊成為良港，受惠於繁忙的西迴航路，邁入全盛時期。一六九七（元祿十）年成為日本海側首屈一指的貿易港。

改變物流的日本海貿易網

開設西迴航路促進了新潟的發展趨勢。

西迴航路是一六七二（寬文十二）年由江戶富商河村瑞賢規劃，他一直積極投入幕府的公共事業，開設西迴航路的主要目的是將在現今東北收穫的米，只靠海運的方式運到江戶。西迴航路簡化了稻米的轉載步驟，短時間內就能大量運送，滿足人口暴增的江戶。

此外，航行在西迴航路的船隻全部來自民間，商人積極開發市場，促進經濟活動，擴大貿易圈，昆布、太平洋鯡等產自蝦夷地的商品也成為貨物之一。

隨著沼垂湊日益衰退，成為北前船㊸重要停靠港的新潟湊變得十分熱鬧，元祿期間每年有來自四十個國家、多達三千五百艘船入港。

㊸運行在大阪至北海道日本海上連接東北、北陸和西日本的西迴航路上的船舶。

治水成功增加稻米收穫量，美味又便宜的米從新潟大量地運往大坂、江戶等大城市。全盛時期越後國內的三十四萬四千俵的年貢米聚集於新潟湊，運往全國各地。

江戶中期，新潟湊的商品貿易量勇冠日本海側港口。北前船靠岸與增加稻米收穫量，為新潟帶來無以計數的財富。

各國對於入港興趣缺缺

俄國實行南下政策，日本近海陸續出現外國船隻，使得幕末時期的日本處在風雨飄搖的年代。新潟當然也無法倖免於難。為了防禦海岸線，一八四三（天保十四）年新潟成為幕府領地，設置奉行所。

一八五三（嘉永六）年，美國為了確保燃料和飲用水的補給地，美國艦隊司令官培理率領黑船駛入浦賀（神奈川縣橫須賀市），幕府從此開國。

一八五八（安政五）年，美日兩國簽訂《美日修好通商條約》，對外國開放神奈川（橫濱）、兵庫（神戶）、箱館（後來的函館）、長崎與新潟五個港口。與其他四港一樣，新潟也有完整的港灣設施，包括碼頭、商館林立的長長海岸線與河岸線。

話說回來，選擇新潟的原因在於它是幕府領地，外國船隻要在日本海靠岸，必須停在稍具規模的港口。

不過，各國對於進入新潟港表現得興趣缺缺。受到信濃川泥沙淤積影響，新潟港的水深較淺，外國的大型船舶無法停靠。不料此時一波未平，一波又起，舊幕府軍與新政府軍爆發戊辰戰爭。戰爭一開始，舊幕府軍補充彈藥武器的據點新潟港，成為新政府軍攻擊的首要目標。

一八六八（慶應四）年七月，倒戈至新政府軍的新發田藩打前鋒，率領新政府軍的黑田清隆水師軍團於新潟沙丘登陸。奧羽越列藩同盟的成員會津藩兵和米澤藩兵負責鎮守新潟港，與新政府軍、新發田藩兵在新潟市區對戰，最後落敗。新政府軍占領了新潟市區。

補給線斷了之後，會津藩依舊奮戰到最後一刻，無奈還是敗給新政府軍。

港口是設置縣廳的重要關鍵

新政府決定開港後過了十年，一八六九（明治二）年，佐渡的兩津港被指定為新潟港的輔助港，對外大開門戶。

由於比其他港口晚了十年，儘管當初設置了英國等外國領事館，但現在領事館已撤館，新潟錯失成為國際貿易港的大好機會。

一八七一（明治四）年，廢藩置縣政策的實施廢除了長岡藩與新發田藩，下越地區成為新潟縣、中上越地區變成柏崎縣。很快的，這兩縣與佐渡合併，形成現在的新潟縣。新潟縣誕生時，新政府重視對國外開放的新潟港，因此將縣廳設置在新潟，而非有完整城下町的新發田或長岡。

新潟成為縣廳所在地後，展開一連串近代化過程，包括召開縣議會、設立第四銀行等等。一八八六（明治十九）年推動基礎建設，在信濃川架設木造的萬代橋，連接新潟町與沼垂町。萬代橋長七百八十二公尺，是當時日本最長的橋。儘管為收費橋樑，但通行量逐年增加，成為新潟市街的交通要道。

新潟不只是日本海側的重要港口，拜稻米的增產，再加上可從海路前往金銀礦藏豐富的佐渡，其魅力無限，吸引愈來愈多人進駐。

終於展開的港口近代化

一八九九（明治三十二）年，新津町（今新潟市秋葉區）的新津油田開始以機器挖掘石油，大正時代成為日本最大的油田。受惠於石油業，新潟經濟蓬勃發展。

一九一四（大正三）年，新潟町與沼垂町合併，開始打造近代化港口。為了解決信濃川下游洪水氾濫問題而興建的大河津分水路於此時竣工，此地不再受到洪水侵擾，是展開新潟港建設工程的最好時機。一九二六（大正十五）年碼頭竣工，大型船舶可在此停靠與出發，貨物列車還可直接駛入港內。

昭和初期，日本與大陸通商，新潟港成為通往滿洲的對口，開設定期航路。許多人員、物資都以新潟為起點，頻繁往來。

二〇一九年，新潟港將迎接開港一百五十周年。以新潟港為中心，新潟的全球化發展令人充滿期待。

金澤

從寺內町起家的加賀百萬石城下町

金澤最早是一向宗的寺內町，在前田家的統治之下，打造成堅固的城下町，絲毫不辱加賀藩一百二十二萬石的響亮名聲。從市街樣貌即可看出大藩為了鬆懈江戶幕府戒心展現的苦心。

歷代藩主的文化振興政策，為金澤建立了深厚的傳統工藝基礎，金箔就是最好的例子。市街上洋溢著江戶時代氛圍，令人感到無限魅力。

以金澤御堂為政廳的統治機構

提到北陸三縣的中心城市，大家最先想到的絕對是位於石川縣中央的金澤市。金澤市的歷史從一五四六（天文十五）年，於現今的金澤城公園興建金澤御堂（尾山御坊）開始。

金澤御堂是一向宗大坂本願寺（淨土真宗本願寺派）的別院，由於當時的加賀（今石川縣南部）是由僧侶、土豪等門徒統治，因此才會興建御堂。御堂仿造大坂本願寺，也興建在石牆上，既是寺院，也是城堡。

一四八八（長享二）年，守護加賀的富樫政親在家族內亂中喪命，富樫氏自此失去實權，所以加賀國沒有武士階級的統治者。此後一百年，外界一直稱呼加賀國為「百姓擁有之國」。

儘管如此，事實上並非由一向宗門徒自治，而是由大坂本願寺派遣坊官治理。由於這個緣故，金澤御堂成為北陸一向宗的主要道場與政治中心。更重要的是，金澤御堂是一向宗門徒精神上與政治上的支柱，對北陸有深遠影響力。一向宗門徒與商人居住在金澤御堂周邊，形成繁華的寺內町。

寺內町隨著織田信長的勢力抬頭走向終點。信長麾下的柴田勝家以宮越（金澤市金石）為據點，一五八〇（天正八）年攻打金澤御堂。一向宗的勢力遭到壓制，加賀成為織田信長的囊中物。

金澤御堂修建後改稱為尾山城，柴田勝家的姪子佐久間盛政入主尾山城。佐久間盛政在與一向宗門徒打仗時創下不少戰功，在他的治理下，金澤成為融合寺內町的城下町。

可惜佐久間盛政治理領國的時間不長。一五八二（天正十）年發生本能寺之變，柴田勝家和羽柴秀吉（後來的豐臣秀吉）為了織田家接班問題爆發戰爭。隔年，柴田勝家在賤岳之戰失利，佐久間盛政遭到羽柴秀吉擄獲，處以極刑。

此時，享能登國二十萬石俸祿的大名、曾在柴田勝家麾下擔任與力㊹的前田利家也在交戰中被迫撤退，這個撤退讓羽柴秀吉擁有最後的勝利。由於這個緣故，羽柴秀吉

㊹戰國時期被大名委派給城主或高階武士協助處理事務的人。

不僅沒動前田利家的舊領地，還將加賀國的兩郡封給他，前田利家入主尾山城。

從地名與產業即可看出金澤與金的深度淵源

金澤的統治者從一向宗轉移至佐久間盛政與前田家，其地名也隨著時代改變。十六世紀後期，稱呼「金澤」或「尾山」，入主尾山城的前田利家定名為「尾山」。不過，尾山這個地名尚未站穩地位，第二代藩主前田利長便將此地正式改名為金澤。

金澤這個地名首次出現的文獻，是一五四六（天文十五）年本願寺第十世住持證如所寫的《天文日記》。

地名由來之一是流經該地的犀川上游，有一座產金的倉谷礦山。此外，也有人認為地名源自一則民間故事。相傳一個以挖芋頭維生的老實人藤五郎，在挖芋頭時挖到沾滿砂金的芋頭，因此成為大富翁。藤五郎洗芋頭的地方就是現在兼六園南邊的金城靈澤，因此取名金澤。

直到今日，金澤與金的淵源依然很深。金澤市生產的金箔在日本國內的市占率高達九成八。

另一方面，「尾山」是取自地形的地名。在金澤平原上往外突出的「卯辰山丘陵」、「小立野台地」、「寺町台地」等三個細長形台地，和流經其中的淺野川與犀川形成金澤的地形。金澤御堂就在淺野川和犀川包圍的小立野台地前端。此地形稱為尾山，也是地名的由來。

攻陷利長的家康謀略

前田利家入主金澤後，穩固城下町的基礎。一五八六（天正十四）年，金澤城的天守竣工。自此，可從大道通往城堡的町人居住區成形，站在大道上抬頭就能看到象徵權威的天守。

前田利長繼位後，在城外建設了防禦設施「總構」。他這麼做是有原因的。一五九九（慶長四）年，前田利家身為豐臣秀賴的監護人，臨死前叮囑利長三年內不可離開大坂。但是，前田利長並未遵守約定，他回到自己的領地。由於這個緣故，有人懷疑他要暗殺德川家康，兩者之間的緊張情勢日漸高漲。

前田利長為了預防德川軍攻打金澤城，沿著河階挖掘護城河，再將挖出來的土堆

金澤城周邊地形（上）與江戶前期的金澤城下町（下）

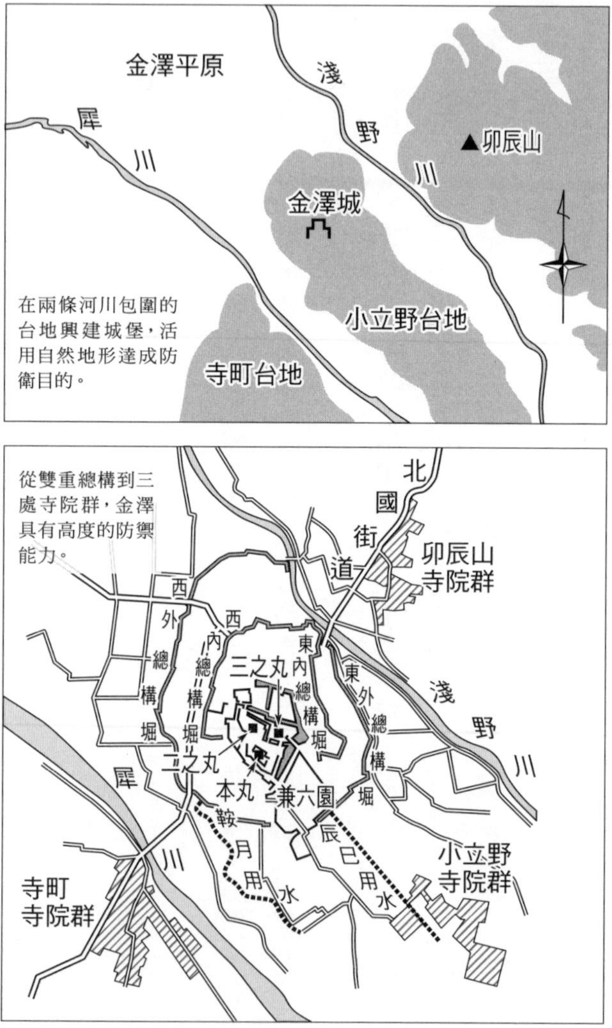
金澤平原
淺野川
犀川
卯辰山
金澤城
小立野台地
寺町台地
在兩條河川包圍的台地興建城堡，活用自然地形達成防衛目的。
從雙重總構到三處寺院群，金澤具有高度的防禦能力。
北國街道
卯辰山寺院群
西外總構堀
西內總構堀
東內總構堀
東外總構堀
三之丸
二之丸
本丸
兼六園
淺野川
犀川
鞍月用水
辰巳用水
小立野寺院群
寺町寺院群

參考石川縣立圖書館收藏《寬文七年金澤圖》、《寬文七年（一六六七）》製作而成。

在護城河邊形成土壘，此為總構（內總構）。長度約三公里。

不僅如此，到了前田利長的弟弟，同時也是其養子的第三代藩主前田利常主政時代，在內總構外側建設長約四公里的總構（外總構）。如今仍可在金澤市內看見包圍金澤城，建築在東西兩側的雙重總構遺跡。

幸運的是，這些總構沒機會因戰爭派上用場。前田利家的妻子，亦即利長的母親芳春院（阿松夫人）屬於非戰派，自願成為德川家的人質，避免戰事發生（慶長危機）。

從此之後，前田家臣服於德川家。隔年，一六〇〇（慶長五）年的關原之戰中，前田利長加入東軍，攻打西軍的大聖寺城（今石川縣加賀市）。接著又在以北陸為戰場的淺井畷之戰中，打贏加入西軍的羽丹長重（織田家重臣長秀的長子）。戰後論功行賞時因此加封，現在的石川縣與富山縣共計約一百二十二萬五千石，日本最大的加賀藩就此誕生。

前田家振興的文化藝術

江戶幕府成立後，加賀藩開始整備城下町。總構外鋪設直線道路，在四周配置寺院群加強防衛，形成寺町。發生戰事時可當支城使用。此外，重臣居住的下屋敷（宅邸）移至總構外，町人居住地設置在內總構內。

大坂之役結束後，幕府削減了有力大名的勢力，積極減封或滅族。前田利常雇用新武士，修築金澤城，種種作為被懷疑有謀反之心。前田利常喊冤辨明，幕府赦免其罪。前田利常娶了第二代將軍德川秀忠的女兒珠姬為正室，成為德川家的遠親。或許這也是他洗清嫌疑的原因。

金澤城的天守於一六〇二（慶長七）年遭到雷擊燒毀，後來沒有重建，而是在本丸興建三階櫓、在二之丸興建御殿。財政吃緊是沒有重建的原因之一，但也有人認為，前田利常不想刺激德川家，藉此向德川家充分展現前田家的忠誠之心。

前田家將削減的軍事費用投入在工藝和藝能等文化領域。以第五代藩主前田綱紀為首的歷代藩主致力於振興文化，催生了傳承至今的九谷燒、加賀友禪、漆器等產業。

日本三名園之一的兼六園由藩主前田綱紀打造，歷代藩主陸續增修，第十三代藩主前田齊泰擴大整修，完成現今的樣貌。推動文化事業也能向德川家傳達「前田家無政治野心」的態度。

一六三一（寬永八）年金澤發生大火，金澤城本丸與三階櫓燒毀。現在金澤城的樣貌和曲輪配置，都是大火後重建的。此外，為了預防日後再發生大火，從犀川上游引水入城，興建辰巳用水。總長約十一公里的辰巳用水除了供給飲用水之外，也為城內空渠注水，形成護城河，提高防禦力。

前田家也趁此機會將原本位於內總構內側的町人居住地遷至內總構外側，將城內的重臣宅邸和武士家屋移到原本的町人居住地。流傳至今日，成為名聞遐邇的長町武家屋敷㊺遺跡。

至此，金澤城變成以城堡為中心，外側圍繞著武家屋敷與町人居住地的城下町。

未受戰爭危害的老街景緻

明治維新後，政府頒發廢城令。前田家離開金澤城，金澤城址變成陸軍第九師團司令部。一八八七（明治二十）年，仙石町（今金澤市廣坂）開設第四高等學校（後來的金澤大學），後來又陸陸續續成立石川縣師範學校與金澤市高等女學校等高等專門學校。

㊺屋敷為房子的意思。

金澤搖身一變成為軍都與學都，人口日益增加。江戶時代金澤城人口約十二萬人，僅次於江戶、大坂與京都。一八九七（明治三十）年減至八萬人，一九二〇（大正九）年回復到十三萬人。

第二次世界大戰期間，金澤並未遭到美軍空襲，躲過一劫，因此保留了過去的景緻。二〇一五（平成二十七）年北陸新幹線開業，來自各地的觀光客湧入此處，欣賞瀰漫復古風情的街道樣貌。

名古屋

德川家首席家臣興建的新城市

名古屋是東海地方的經濟文化中心，自古就是熱田神宮所在地。戰國時代，尾張出身的織田信長擴張勢力，使得此地成為眾所矚目的戰略要衝。江戶時代開始興建都市，成為尾張德川家的城下町。

此處擁有日本少見，寬度一百公尺的道路，城市開發型態十分特殊，有別於其他地區。不受限於江戶（東京）的施政方針，講究排場、善於商賈的名古屋文化究竟是如何誕生的？

從「那古野」到「名護屋」的地名變化

提到棋盤形道路的城市，以京都和奈良最為知名。打開名古屋市中心的地圖，也可以看到貫穿東西南北的棋盤形街道。原因在於名古屋是江戶初期規劃興建的新城鎮。

江戶幕府成立後，德川家康為了就近監視豐臣家與西國大名，將據點設在尾張。當時尾張的中心地是過去織田信長的居城清洲，清洲洪水頻傳，沒有大型設施可以容納大批軍隊。由於這個緣故，一六一〇（慶長十五）年，以金鯱聞名的名古屋城竣工，德川家康發布「清洲越」命令，將整座清洲城遷移至名古屋。

自此之後，此處定名為「名古屋」。江戶中期以前，這裡稱為「名護屋」，平安時代到室町時代稱為「那古野」。那古野之名如今仍保留在名古屋市的中村區與西區。

有一說認為，「NAGOYA」指的是霧（NAGO）多的原野，也有人認為是由「浪越」（海浪很高之地）訛變而來。豐臣秀吉出征朝鮮時，在現今的佐賀縣唐津市等各地興建「名護屋城」，因此除了愛知縣之外，許多地方都有「NAGOYA」這個地名。在大多數情形下，「NAGOYA」指的是有海浪打過來的海邊土地。

從熱田神宮的門前町轉變為織田家據點

名古屋市位於濃尾平原，東為丘陵、西為低地。東邊丘陵連接名古屋市，市中心有一個「n」字型台地，後方區域稱為「那古野台地」，名古屋城就在那古野台地的西北高台上。

從那古野台地西側往南延伸的細長形部分稱為「熱田台地」。形狀很像「象鼻」，南端即為熱田神宮。

傳說中熱田神宮是二世紀日本武尊遠征東國時創建的，供奉著皇室的三大神器之一「草薙劍」。

從古代到中世紀，那古野的南端發展成熱田神宮的門前町。當時熱田神宮的南邊為海岸，設有港口，熱田神宮周邊是一片低溼地。

擔任熱田神宮大宮司的尾張家，在平安中期平定了包含那古野的尾張一帶。此外，開設鎌倉幕府的源賴朝之母，也是熱田神宮大宮司的女兒。

室町時代之後，繼承足利將軍家血脈的斯波家就任尾張國守護職，並任命織田家在其下擔任守護代㊻。織田信長就是此織田家的後代。信長出生於現在的名古屋市中

現在的名古屋市周邊地形

從名古屋城設置地點可一眼望盡濃尾平原，敵人若從西邊進攻，即可立刻得知。

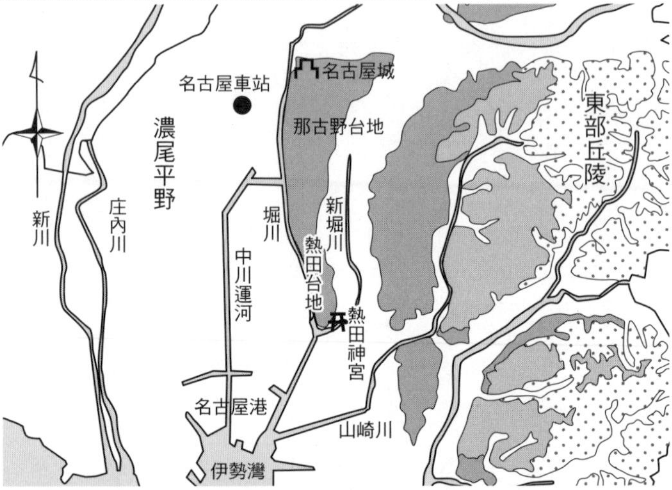

參考觀光文化交流局文化歷史造鎮部歷史推進室保存支援係的「名古屋市歷史性風致維持向上計畫」（本篇）製作而成。

區，豐臣秀吉出生在西邊的中村區。

一五一八（永正十五）年，今川氏親從東邊的駿河國入侵，攻下尾張國東半部，同時建設那古野城作為西進的前線基地。據傳該位置就是日後名古屋城二之丸所在地。一五三二（享祿五）年，織田信秀（信長之父）占領那古野城作為居城，送給兒子信長。

信秀死後，織田信長繼承織田家。在那古野西北部清洲設置新據點，興建清洲城（清須城）。後來有一段時間，那古野城成為織田家的重要據點，但隨著織田信長統一天下，在京都附近的近江（今滋賀縣）興建安土城，那古野城的重要性逐漸降低，直到一五八二（天正十）年左右變成廢城。

尾張德川家成立與藩府建設

一六〇〇（慶長五）年，德川家康打贏關原之戰，那古野一帶再次躍上歷史舞台。為了穩定統治日本領土，德川家康著手整備東海道，將神宮所在的熱田指定為宿場（官方旅宿）。此外，江戶幕府成立後，豐臣家盤踞大坂，西日本有許多領受豐臣家恩惠的大名，因此尾張成為牽制西日本動向的要衝。

最初統治尾張的清洲城城主為福島正則，德川家康取而代之，由四子松平忠吉統御。不料，松平忠吉因病早逝，九子德川義直成為新城主。德川義直就是尾張德川家

⑯日本中世武家體制下，令制國「守護」的代理職。

的創始者。尾張德川家與紀州德川家、水戶德川家同為「御三家」，地位僅次於將軍家。

此時，清洲城是清洲藩的中心，由於面向五條川，經常遭遇水患，加上腹地太小，德川家計畫遷移藩府。當時考慮在那古野、古渡和小牧之間選擇新藩府的建設地。德川家康實際視察之後，決定將新藩府設置在那古野。那古野鄰近東海道宿場「熱田」，南方還有港口，而且那古野台地的南邊十分廣闊，適合擴建城下町。

基於上述種種原因，一六一〇（慶長五）年，德川家著手興建名古屋城與城下町。

整個城市一起遷移

一六一六（元和二）年，名古屋城與城下町即將完工。市鎮的東西寬約五點八公里、南北縱長約六點一公里，呈倒三角形，面積是清洲城城下町的五倍以上。

在建設城下町的同時，還將位於名古屋西北方，直線距離十公里的清洲城所有建築物遷至名古屋城。包括武家宅邸和商家，以及城下町的門、架設在河川上的橋樑、三座神社與超過一百間的寺院，全部搬遷過去。許多清洲地名也直接沿用，例如鍋屋町、長者町、吳服町、大津町等。

城池南方興建正方形棋盤格城鎮，單邊為五十間（約九十一公尺）長，南北街路稱為「通」、東西街路稱為「筋」。從城門往南延伸的本町通（在札辻與美濃路交會），在熱田連結東海道。此外，美濃路也與京町筋和傳馬町筋有交接。

開挖堀川引進庄內川的河水，從城內流經熱田台地西側，用來搬運資材。明治時代，又整治蜿蜒流經市鎮中央的精進川，興建新堀川，作為下水處理之用。

武家宅邸矗立在城池南邊，町人居住的地區分成東西十一區、南北九區，總計九十九個區塊。各區塊中央都有一座小型寺院，後來在幕府的命令下，強制町人移居於此。移居者多達七萬人左右，大家無不爭先恐後遷至新地，想要搶下好位置。

藩主氣質直接影響名古屋人的特質

整個江戶時代，名古屋與大坂各自發展為具有獨特性的城市。一六九九（元祿十二）年，第四代藩主德川吉通訂定了重視藩主職務勝過將軍職務的家訓，由於這個緣故，德川吉通不主動參與第七代將軍的接班人之爭。

第八代將軍德川吉宗就任後，擔任尾張藩主的是第七代藩主德川宗春。德川宗春是當時知名的傾奇者㊼，作風奢華、喜愛華麗事物。與倡導簡約、推動享保改革的德川吉宗背道而馳，德川宗春允許開設芝居小屋㊽、遊郭㊾，鼓勵舉辦絢爛華麗的祭典。由於這個緣故，名古屋吸引許多藝人和商人，成為一個活力十足的城市。說起現代名古屋人的特質，大家最常想到的就是喜歡華麗事物，很會做生意，這些都是受到德川宗春的影響。

名古屋商人中，有許多家財萬貫的大商賈，包括經營紺屋（染色業）的小坂井家、經營吳服屋（和服店）的茶屋家等，這些大商賈承接德川家的生意，對名古屋的商業發展做出極大貢獻。經營吳服屋的伊藤家從江戶後期進軍江戶，接收了上野的松坂屋。後來發展成全國規模的百貨連鎖店。

如今仍是名古屋超人氣名產的「外郎餅」，據傳是來自中國明朝，是由在尾張藩第二藩主德川光友麾下任職的陳元贇引進日本，他將外郎餅的做法傳授給尾張藩的御用商人「餅屋文藏」。明治以後，外郎餅正式普及於名古屋。

江戶後期的名古屋城下町

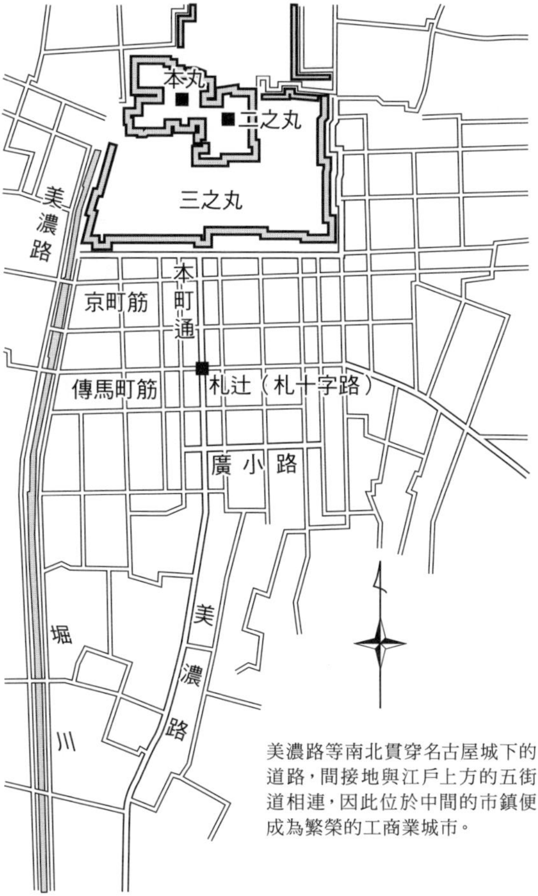

美濃路等南北貫穿名古屋城下的道路，間接地與江戶上方的五街道相連，因此位於中間的市鎮便成為繁榮的工商業城市。

參考愛知縣立圖書館藏「寶曆十二年改名護屋路見大圖」製作而成。

㊼日本戰國時代後期至江戶時代初期的一種社會風潮。指的是喜好異風、穿著光鮮亮麗以及行為超乎常識之人。

㊽小規模劇場。

㊾官方認可的風月場所，以圍牆、水溝圍出一個專區。

因大火而興建的主要大街

熱田的宿場町與城下町平行，發展得十分順利，町內有將近兩百五十家旅宿，後來逐漸與城下町融為一體。隨著時代演進，新田開發政策帶動熱田南部的低溼地發展，透過圍墾方式擴大市鎮範圍。

名古屋城與江戶城一樣經歷祝融之災。一六六〇（萬治三）年的萬治大火燒毀了城下町的南邊，原本在市鎮南方、寬度三間（約五點五公尺）的堀切筋在大火之後拓寬五倍，改名「廣小路」。到了明治時代，沿著廣小路從名古屋車站到榮町一帶，成為名古屋市的主要大街。

日本屈指可數的兩條「百米寬道路」

一八七一（明治四）年，位於廣小路的片町改名為榮町。此處是原本住在榮生村（今名鐵榮生車站周邊）的商人移居到此建立的城鎮。一八八六（明治十九）年，在鄰近廣小路西邊的笹島設置東海道線名古屋車站。最初明治政府考慮在中山道鋪設鐵路，而非東海道，但第一屆名古屋市長吉田祿基於市政發展的考量，最後將車站設在笹島。不僅如此，一八九八（明治三十一）年廣小路也開通了路面電車。

明治末期，榮町開了名古屋市第一家百貨公司松坂屋。從名古屋車站到廣小路之間，陸續出現餐廳、電影院等商業大樓。進入昭和時代之後，還完成了新的車站大廳，這棟六層樓鋼筋水泥建築榮獲「東洋第一」的美名。

原本欣欣向榮的名古屋市，不幸在第二次世界大戰末期遭遇空襲，受到毀滅性的打擊。戰後，市長委任土木事務所所長田淵壽郎統籌振興地方計畫。

田淵深信汽車將成為未來普遍的代步工具，因此提案興建兩條寬度百米與九條寬度五十米的道路，規劃出十分遠大的振興計畫。不僅如此，更將市中心分成四等分，建立防火帶。在田淵的規劃下，東西橫貫市中心的若宮大道與南北縱貫榮町的久屋大道，這兩條「寬度百米道路」終於完成。放眼全日本，相同規模的道路除了已經成為公園一部分的札幌大道之外，只有廣島市的平和大道。

考量現在的交通量，當初建設百米道路可說是先見之明。不過，這個做法也將榮町與大須這兩大鬧區分成兩截。此外，大量汽車行駛在寬敞的大馬路上，迫使行人必須走地下道才能穿越馬路。也因此，名古屋又被稱為「路上沒有行人的都市」。

田淵還推動了另一項大改革，亦即將中區與東區的三百座寺院，和將近十九萬座墓地，遷移至千種區的平和公園。除此之外，在實施振興計畫的過程中，也遷移了不少建築物，彷彿是在重演當年尾張德川家搬遷清洲城的歷史。

一九五四（昭和二十九）年，振興計畫的象徵——名古屋電視塔，在榮町正式亮相。名古屋電視塔高一百八十公尺，雖然高度只有四年後竣工的東京鐵塔的一半高度，但當時被譽為「東洋第一高樓」。從以上內容不難發現，近代以後，名古屋在許多方面的發展領先其他城市，可說是走在時代尖端的泱泱大城。

伊勢

因神宮所在地而發展的門前町

日本城市有許多發展模式，其中以神社為中心發展起來的門前町，最具代表性的就是伊勢。根據日本民間故事，大約兩千年前，伊勢平原的南端興建了一座祭祀天皇始祖天照大神的神宮（伊勢神宮）。

誠如《東海道中膝栗毛》書中所描述，江戶時代有許多來自全國各地的參拜者前來神宮參拜，這就是知名的「伊勢參拜」。不過，在中世紀之前，伊勢神宮只准身分高貴的人參拜。如今伊勢市仍保留江戶時代宿場町的氛圍，究竟當年這座門前町走過什麼樣的歷史軌跡？就讓我們一起來探訪！

超過四分之一的市區屬於神宮

二〇一六(平成二十八)年，由美國、加拿大、英國、法國、德國、義大利、日本等七大工業國組成的「七國集團」(Group of Seven, G7)領導人高峰會，在伊勢志摩登場，伊勢連帶受到世界矚目。伊勢是從伊勢神宮的門前町開始發展，時至今日已成重要觀光大城。

伊勢神宮是一處擁有一百二十五座神社的大型宗教機構，以祭祀天皇始祖天照大神的「內宮」，和掌管食物的豐受大神的「外宮」為主。面積達五千五百萬平方公尺，占伊勢市的四分之一以上。

直到一九五五(昭和三十)年為止，伊勢市稱為宇治山田市。由於此地是以內宮門前町的「宇治」，和外宮門前町的「山田」為主發展起來的，因此結合兩者的名字取名。

時至今日，因為受到條例的保護，伊勢市仍保留過去的街景。尤其是從內宮前的宇治橋到沿著五十鈴川的「厄除町」，雖然蓋了新的家屋，依舊保留中世紀以來的町屋形式，洋溢江戶時代風情，成為最受歡迎的觀光景點。這群町屋的特色在於，幾乎全部都採取「妻入」家屋的構造。

日本家屋分成兩種，第一種結構稱為「平入」，是將大門設在屋頂從樑柱往下傾斜的正面；第二種結構稱為「妻入」，大門是設在屋頂從兩側往下傾斜形成的三角形斷面。一般認為，由於伊勢神宮的本殿為平入，民眾基於敬畏之心，避諱採用相同結構，因此大多採用妻入構造。這就是山田有許多妻入町屋的原因。但事實究竟如何，目前仍未釐清，但這類說法也點出了神宮與市鎮之間的深遠關係。

輾轉各地最後落腳伊勢的神宮

根據八世紀撰寫的《伊勢國風土記》中的〈逸文〉內容，伊勢這個地方原本就有駐地之神，名為伊勢津彥。後來祂將自己的地方讓給神武天皇。伊勢津彥的族人原本是住在沿岸的漁民，其名來自於海邊的礁石（磯）。

既然如此，為何神宮會興建在伊勢一帶？根據《日本書紀》記載，天照大神原是天皇所在的大和國祭祀的神祇。垂仁天皇時代出現嚴重的傳染病，當時人們認為這是天照大神發怒所致，於是天皇將御神體輾轉遷移至伊賀、近江、美濃等國，最後遵照天照大神的神諭，安奉在伊勢之地。

西元六七二年發生壬申之亂，大海人皇子（天武天皇）前往伊勢神宮祈願勝利，後來果真在戰爭中擊敗了敵手大友皇子，此事也確立了伊勢神宮的權威地位。

平安中期律令制式微後，勢力強大的貴族和武士不斷捐贈自己的領地，伊勢神宮不再受到特定領主管理，改維持獨立地位。

現在的伊勢平原擁有發達的農業用水路，使用宮川與五十鈴川作為水源。以流域只在三重縣內的河川來說，宮川是最長的河流。不過，缺點是深度較淺，很容易氾濫，加上宮川

現在的伊勢神宮周邊地形

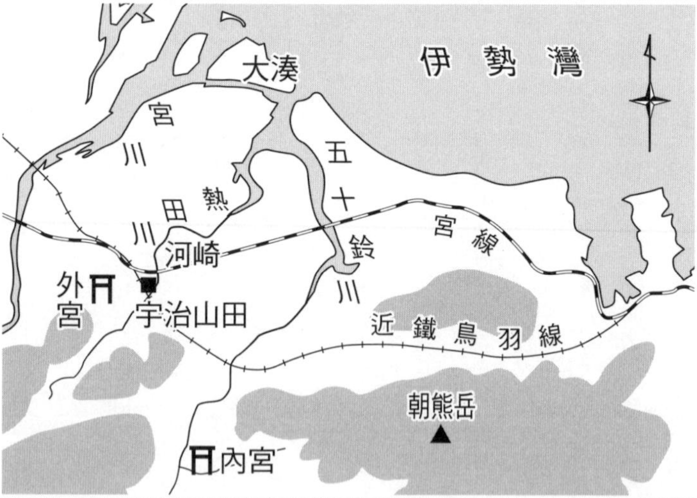

由全國各地運送至神宮的物品，皆經過大湊與河崎集散。

左岸的平原屬於地勢劇烈起伏的洪積高地，很難興建堰，故不利於種稻。

由於伊勢神宮每年都會收到來自各地所屬神宮進獻的年貢，因此在宮川和五十鈴川匯流的河口沙洲興建大湊，作為收受貨物的港口。

宮川不只具有農業用途，在伊勢的門前町也作為外宮修禊（驅除不祥的祭祀）之用，流經內宮前方的五十鈴川則被視為俗世與聖域的界線。隨著時代演進，宮川與其支流勢田川，還有五十鈴川被用來運送神宮使用的木材，與接駁參拜者。位於勢田川沿岸的河崎因此形成批發街，透過河船運來的各式商品皆在此處集散。

世俗化的伊勢之地

室町時代之後，身為伊勢國司與守護大名的北畠氏在面向伊勢灣一帶興建街道，以東西貫穿市鎮的參宮街道為中心，山田逐漸發展興盛。日永追分（今四日市市）也在後來的江戶時代，成為參拜路線中東海道與伊勢街道的分岔點，在皈依神宮的氏子㊿們捐獻下，此處更設置了路標與常夜燈。

另一方面，受到武家社會的成立與戰亂影響，貴族和皇族與神宮領地之間的關聯日益淡薄。到了室町時代，位於外宮山田的「三方」與內宮宇治的「會合」等自治組織開始擔負起伊勢神宮的行政業務。

話說回來，伊勢神宮原本只允許貴族或身分較高的武士參拜。但從戰國時代十五世紀後期起，隨著商業和交通網絡蓬勃發展，稱為道者的一般參拜者也從日本各地來到伊勢神宮參拜。簡單來說，伊勢神宮逐漸走向世俗化之路。由於這個緣故，神宮境內不再只有神官居住，稱為地下人的居民也開始讓參拜旅客在此地住宿。

此外，不只是伊勢神宮一帶，整個伊勢地區開始出現河運業者，負責處理從全國神宮領地進獻的貢品，批發商人與市座㊿商人也帶動此處的商業發展。江戶時代以後，伊勢商人大舉進出江戶，與大坂商人、近江商人齊名，建構全國性的商業網絡。從和服店起家的三越百貨店，與明治時代的大財團三井家，其祖先都是伊勢商人。

登上觀光指南帶動參拜潮流

江戶幕府成立後，幕府在一六三一（寬永八）年成立幕府直轄的山田奉行所，負責管理與營運伊勢神宮。事實上，第八代將軍德川吉宗統治時期，身為江戶南町奉行的大岡越前（忠相）也曾當過山田奉行。

東海道在江戶時代建設得愈來愈完備，庶民百姓前往伊勢神宮參拜（託福參拜）的風潮也愈來愈興盛。照顧安排參拜者住宿用餐等事宜的御師，是形成此風潮的幕後推手。御師不僅經營宿坊賺取收入，也廣發描繪神宮風景，作用近似觀光指南的參詣曼荼羅[52]，吸引民眾參拜。工作內容包括安排住宿、發行符紙、舉行除厄儀式等。巔峰時期，山田和宇治總計就有七百間御師經營的旅宿。

每隔幾十年就會掀起一股熱烈的伊勢參拜風潮。據傳一八三〇（文政十三）年約有五百萬人參拜，伊勢神宮的氏子全國約達四百四十萬人。

此外，對平民百姓來說，參加伊勢參拜可以增廣見聞，可說是一種社會學習。十返舍一九的著作《東海道中膝栗毛》是以伊勢參拜為題材，就像書中所描寫的來自江

⑩共同信仰某神明的信徒。
⑪在市場擁有獨家專賣或販賣權的商人。
⑫吸引民眾參拜並介紹寺院設施的宗教繪畫。

從三都開始的託福參拜路線

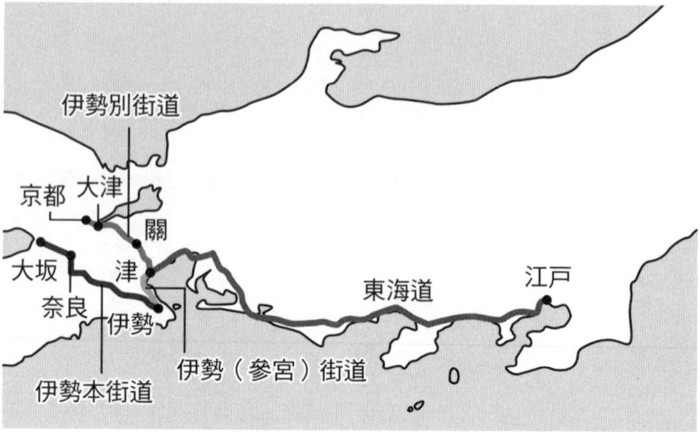

整個區域有多條以「伊勢」取名的街道，由此可看出伊勢神宮的參拜風潮十分興盛。

戶的參拜者，不少都是從大坂和京都順道過來的。

為了迎接絡繹不絕的參拜者，山田和宇治開設了許多宿場和茶屋，位於中間的古市開了遊郭街，吸引許多遊客到此玩樂。

不僅如此，山田和宇治也是重文興學的城鎮。伊勢神宮收藏許多漢字與和歌的古典文獻，許多學者到此研究。直到今日，伊勢市神田久志本町的神宮文庫，還收藏著三十一萬冊史書與神道相關的書籍資料。

明治維新後，伊勢神宮成為國家神道的中心，再次由政府接收管理，原本在神宮和庶民之間扮演橋樑角色的御師遭到廢除。即使如此，伊勢參拜熱潮仍未停歇，如今已成為學生畢業旅行的必去景點，團體參拜者愈來愈多。

一八九三（明治二十六）年，津到宮川之間開通了參宮鐵道。住在參宮道沿線的居民原本以做參拜者生意維生，鐵道開通後參拜者銳減，嚴重影響他們的生計，於是強烈反彈。無論如何，參宮鐵道的開通確實為三重縣的運輸業發展帶來極大貢獻。參宮鐵道現在已成為三重縣到和歌山縣JR紀勢本線的一部分，同時也連結多氣町到羽鳥市的JR參宮線。

戰後國家神道遭到廢止，前往伊勢神宮參拜的人潮逐漸減少。不過，隨著本節開頭介紹的厄除町躍身人氣觀光景點，伊勢市再次成為庶民最愛的門前町，充滿熱鬧的氣氛。

奈良

擁有一千三百年歷史的古都

元明天皇參照唐朝首都長安的規劃建置，建立了奈良的平城京，無論是建設地點的選定與都市計畫的概念，皆效法中國思想。當時的平城京住著各種身分階級的人，從高級貴族到社會底層的奴隸皆聚集於此，生活水準自然也大相逕庭。

由於規劃得不夠完善，平城京無法滿足首都的需求，最後遭到廢除。無人居住的平城京在長年荒廢之下，變成荒煙蔓草的平原。明治時代之後，某位有志之士發起保存彰顯運動，使其再現風華，蛻變成現在的奈良。

遣唐使加速平城遷都

平城京是日本八世紀的都城，位於奈良盆地北方。根據明治時代民俗學者柳田國男的說法，「なら（NARA）」的語源是「平（なら）」，意指地勢平坦的丘陵地。古代文獻中，表示「な」與「ら」的萬葉假名不只「奈良」，還有「那羅」、「寧樂」、「平城」等。每個詞的讀音都是「NARA」，寫成「平城京」時，讀作「NARANOMIYAKO」。

選擇蓋在丘陵地具有重要意義。元明天皇決定平城遷都時頒布的《遷都詔》中有這麼一段：「方今平城之地，四禽叶圖，三山作鎮，龜筮並從，宜建都邑。」

「三山」指的是東邊的春日山、北邊的平城山、西邊的生駒山。「四禽叶圖」代表「四神相應」的土地（滿足所有風水條件的寶地）。「龜筮」是當時的占卜術之一。當時的政治融入古代中國思想，因此認為平城京很適合設為首都所在地。

另一方面，原本的都城藤原京（橿原市）時發水患、交通不便，加上受到飢荒與疾病侵襲，也成為元明天皇決定遷都的主因。正巧當時相隔三十二年派去唐朝的遣唐使回國，使節描述了唐朝首都長安的繁華美景，更加速了元明天皇建造新首都的決心。

以平城京為中心的四神相應

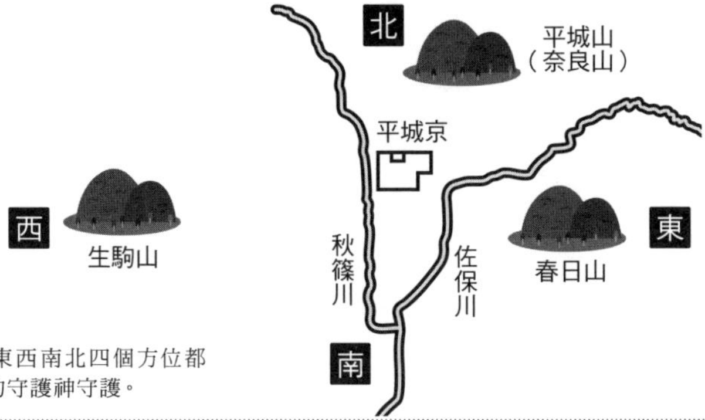

平城京東西南北四個方位都有各自的守護神守護。

平城京街區

外京為左京的一部分，但建造時期至今仍眾說紛紜。

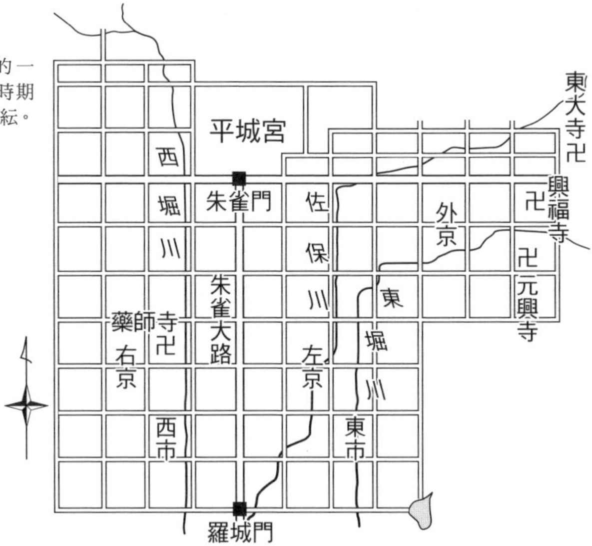

參考「奈良縣立橿原考古學研究所附屬博物館」官網圖片（平成京條坊復原圖）製作而成。

首都的建設模型為唐朝的長安

平城京從七〇八（和銅元）年開始興建，元明天皇在兩年後提早遷都，當時都城尚未完工。

平城京的規模南北為四點八公里、東西為六點三公里，藤原京的宮殿位於市區中心，但以長安城為建設模型的平城京，將宮殿（平城宮）設置在市區北邊。天皇居住的內裏、執行政務的大極殿、兵部省與氏部省等二官八省的政府機構全部設置在平城宮裡。

平城京以從平城宮往南延伸的朱雀大路為中心，分成東邊的左京與西邊的右京。左京以東興建外京，東大寺、興福寺、元興寺等大寺院林立。興建外京的原因不明，但有一說是認為興福寺是藤原家的氏寺㊾，因此建設外京頗有展示威權的意思。

此外，位於外京東邊，亦即春日山山麓的春日大社也是藤原家的氏神。相傳鹿島神宮（茨城縣鹿嶋市）的主神武甕槌命騎鹿來到奈良，因此當地居民都將棲息在春日野的鹿視為神的使者。由於當時殺鹿會被罰款，所以居民們每天早上起床做的第一件事，就是確認家門口有沒有鹿的屍體。這也是日本俗諺「早起三分利」的起源。

從木簡探索貴族的生活樣貌

平城京的市區採取棋盤式規劃的「條坊制」，包括東西橫貫的十條「條大路」，與南北縱穿的十一條「坊大路」。這些大路劃分出來的行政區劃稱為「坊」，再由縱橫各三條的小路，細分為十六個小區塊。

此十六分之一的小區塊稱為「坪（後來的町）」（與現代面積單位的「坪」、「町」不同），面積約一百三十三平方公尺，呈正方形。高級貴族的宅邸劃分在平城宮附近，以當時單位計算，基地面積約為一到四坪。根據一九八六（昭和六十一）年進行的挖掘調查，在現在的伊藤洋華堂奈良店一帶挖出數萬件木簡（寫著文字的木札），確認此處正是當權貴族長屋王的宅邸遺跡。

㊸日本佛教用語。又稱菩提寺、香華院。奈良時代，日本各大寺院皆為官寺。後來，貴族豪門為祈求現世利益與未來菩提所建之道場，稱為氏寺。

從木簡記述的文字可清楚看出當時貴族的奢華生活。長屋王除了米、芹、白蘿蔔之外，還訂購了鯛魚、鮑魚等高級食材。此外，宅邸境內還有處理家政的政所㊹，鑄物所與綿作所等役所㊺，預估應有數百人在此工作。其中包括馬司、犬司、鶴司等負責照顧動物的官員。

平城京的人口約十萬人，除了貴族之外，還有官人、庶民、奴婢（奴隸）。身分較低的庶民住在離宮殿很遠的八條大路、九條大路一帶，考古學家曾在該地附近找到坪區劃十六分之一坪、三十二分之一坪等規模較小的住宅遺跡。

大多數庶民都是從畿內各地被迫移居的農民，在京內從事土木或警衛等工作。由於不堪重度勞動，許多農民逃出都城。

遷都原因竟是廁所設計不完善？

平城京的每座宅邸都會挖井滿足生活用水需求，並在道路旁挖側溝排水。相信各位都知道，完善的上下水道是都市計畫的重要因素。據傳藤原京遭到廢除的理由，就是因為汙水全部流向位於低溼地的宮殿。平城京利用佐保川與秋篠川作為運河與排水水道，但這兩條河流距離大河太遠，無法根本解決問題，導致天平年間（七二九～七四九年）爆發疫情。

加上當時長屋王與藤原氏等貴族之間陷入激烈的權力鬥爭，執政的聖武天皇只要遇到天災異變就遷都，從恭仁宮（京都府木津川市）、難波宮（大阪府大阪市）、紫香樂宮（滋賀縣甲賀市），最後遷至平城京。

不過，平城京最後還是遭到廢除，桓武天皇遷都長岡京（京都府長岡京市）。平城天皇時代曾經想將都城遷回平城京，但最終沒有實現，平城京的建築物和道路慢慢遭到破壞，形成一片田地。

在戰火中燒毀的「奈良大佛」

⑭親王與公卿家的家政機關。

⑮官方機構。

一般認為，遷都長岡京的目的在於降低佛教各宗派在政治上的影響力。平城京有俗稱「七大寺」的寺院建築，遷都時天皇不同意這七大寺也一起遷移。

平安末期，與朝廷和藤原氏關係深厚的南都（平成京的別名）諸寺院，起身對抗在宮中掌權的平清盛。後白河天皇的皇子以仁王舉兵支援南都，平清盛的五子平重衡攻打南都，燒毀東大寺與興福寺。

根據《平家物語》的說法，平重衡原本只是下令「燃點篝火」，沒想到士兵們誤以為要「放火」，才發生這起燒毀寺院事件。姑且不論實際狀況如何，其蠻橫作為引起民間反彈，使得平氏政權很快失去民心。

平氏滅亡後，重建東大寺與興福寺。東大寺後來在戰國時代再次遭到大火吞噬。當時的大和（今奈良縣）沒有守護大名，由興福寺負責守衛維護。後來擔任大和守護的筒井順慶與其父親，都是興福寺的眾徒㊻。

戰國武將松永久秀企圖稱霸大和，筒井順慶奮力抵抗。松永聯合三好氏形成聯軍，兩方陣營在奈良市區對峙。戰局從東大寺起火後開始扭轉，原本在境內布陣的筒井三好聯軍退出市區。現在主流的說法都認為這次的縱火是松永久秀所為，但也有人說是不小心失火，或同井三好聯軍中的基督徒士兵幹的好事。無論如何，真相到現在仍未釐清。

這次的大火燒毀了盧舍那佛的佛頭，後來只施以簡單的修復，長期受到風吹雨淋。直到一七〇九（寶永六）年，大佛殿修復完成後，才舉行落慶供養[57]儀式。

費盡一生保存宮跡的植樹工匠

江戶時代，大和成立了郡山藩（大和郡山市）與高取藩（高取町）。不過，現在的奈良市中心並未設藩，與縣南部的山岳地區一同納入幕府領地（天領）。包括興福寺在內的寺社對朝廷仍有影響力，外界認為此舉是為了監視寺社動向。

---

[56]原指平安時代以後住在大寺院，鑽研學問、修行與負責營運業務的僧侶。尤其是在負責守護興福寺的大和國裡，國內的武士也是自己寺院的眾徒。由於這個緣故，同國武士（大和武士）亦稱為眾徒。

[57]興建佛堂時舉行的法會。

根據十七世紀奈良奉行所做的調查，奈良中心有超過兩百個聚落，人口約三萬五千人。他們主要從事商業，當時設置於元興寺境內的「奈良町」，直到現在還存在著。

隨著長岡遷都而廢京的平城宮遺跡，在一九九八（平成十）年與東大寺一起成為世界文化遺產，大極殿從平城遷都的一千三百年後，於二〇一〇（平成二十二）年修建完畢。如今在朱雀門旁立了一座人物雕像，他就是棚田嘉十郎，也是至今仍持續推動的平成宮跡保存運動的發起人。

明治末期，在奈良從事植樹工作的棚田嘉十郎，感嘆曾經繁華的首都遺跡如今已成廢墟，於是發起保存運動。他不斷向土地所有人表達購買土地的意願，並造訪政府當局，提出保存宮跡的請求。但許多地主不願賣地，每次交涉都處處碰壁。

即使如此，棚田嘉十郎愈戰愈勇，一九一三（大正二）年成立「奈良大極殿址保存會」，由貴族院議員德川賴倫擔任會長。遺憾的是棚田嘉十郎在長期心力交瘁之下不幸失明，後來又因為捲入收購土地弊案自殺身亡。

就在棚田嘉十郎逝世隔年，也就是一九二二（大正十一）年，大極殿遺跡被指定為國家史蹟。一介植樹工匠的遺願終於實現了。

今井

因內陸居間貿易需求而繁榮的自治城市

今井最初是以一向宗的寺內町發展起來，由於位居連結堺和奈良的街道上，成為物流轉運點。居民在市鎮外圍建設環濠（環狀護城河），建立武裝聚落，抵抗織田信長的侵略。

由於財力雄厚的關係，江戶時代受到德川家關注，成為幕府直轄地。不久，幕府同意由町人自治。當地富豪從事金融業，經濟得到了空前發展，更享有「大和的財富有七成在今井」的美譽。此繁華景象的背後，存在著町人們必須遵守的生活細則。

江戶時代的街景保存至今

金井町位於奈良盆地南邊，一九五六（昭和三十一）年實施町村合併，與八木町、畝傍町合併為橿原市。

如今一般民眾並不熟悉今井這個地名，但相信大多數人都曾在電視節目上看過當地街景。因為今井町還保留著大量江戶時代以前的建築物，許多日本時代劇都會到此取景。二〇一五（平成二十七）年，以明治時代為背景的NHK晨間連續劇《阿淺來了》就在此地拍攝，備受注目。

今井町位於橿原市西北方，東西寬六百公尺、南北長三百一十公尺的區域。約有七百六十間民宅，高達八成興建於江戶時代以前。擔任惣年寄㊽的今西家、上田家等九間宅邸被指定為國家重要文化財。放眼現在的日本，沒有其他地區像今井這樣保存大量的傳統建築物，使得此處成為了解當時建築風格和町民生活樣貌的珍貴文化遺產。

受到環濠與土壘保護的城市

今井是淨土宗本願寺派（一向宗）的寺內町，在戰國時代發展成自治城市。「今井」

這個地名開始出現在文獻上，是在一三八六（元中三／至德三）年之後。而今井庄莊園是在距今一百到兩百年前成立的。

今井庄是在大和（今奈良縣）擁有龐大勢力的興福寺所興建的莊園，戰國時代本願寺遷入大和時，興福寺還曾反抗，破壞本願寺的道場。不過，僧侶間多會互相交流，藉此確保彼此寺領，因此興福寺對抗本願寺的立場並不堅定。

天文年間（一五三二～一五五五年），身為武士，同時也是本願寺一家眾（本願寺門主的親戚）的今井兵部豐壽，在今井設立道場（後來的稱念寺）。由於本願寺與松永久秀與三好三人眾[59]交好，這些都是對大和具有影響力的戰國武將，使得此道場躲過了興福寺的攻擊。兵部召集門徒振興寺內町，成為存續至今的今井町的起源。

[58]江戶時代在大坂、岡山、高知、堺、今井、平野、小倉、鹿兒島等町負責處理町政的町階官員中，地位最高的官職。

[59]戰國時代阿波國三好氏的三名武將三好長逸、三好政康及岩成友通的統稱。

本願寺後來與織田信長處於對立狀態，畿內爆發長達十年的石山合戰。身為寺內町的今井也成為織田軍的攻擊目標，居民在市鎮周圍興建環濠和土壘，聘僱許多浪人武士抵抗侵略。

今井位於連結堺（大阪府堺市）和奈良的街道上，是商人重要的物流據點。堺商人津田宗及擔心今井遭到毀滅，於是透過自己的好友明智光秀，勸服今井居民投降。織田信長提出的投降條件十分優渥，只要居民解除武裝，織田軍就不會破壞市區，也同意他們繼續從事商業活動。今井居民接受此條件，經濟蓬勃發展，成為南大和首屈一指的商業都市，人稱「海運靠堺市、陸運有今井」。

從現存的行政區劃可以看出今井曾為環濠城市的歷史特色，當時一般村落的道路皆依條里地割⑥⓪切割成方格狀，今井的道路並非從頭到尾呈一直線，而是不斷錯開的丁字路。此舉是為了遮蔽前方視線，避免外敵入侵的防禦手段。

此外，豐臣幕府期間，在豐臣秀吉許可下，今井町在九個出入口設置大門。同時在夜間也不關閉的四處大門旁附設守衛亭。門口守衛可在此徹夜監視是否有可疑人士入侵。

堺與奈良相連的道路（上）與今井的市鎮區劃（下）

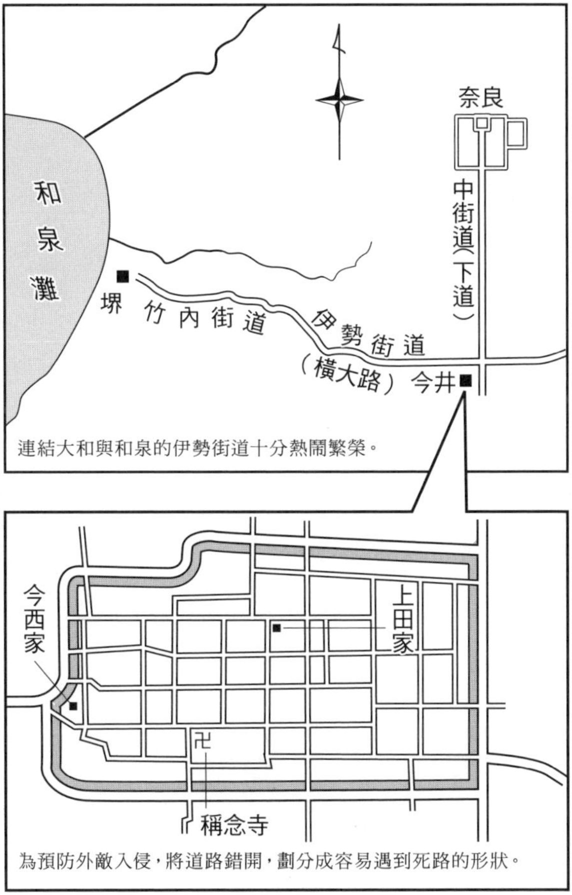
奈良
中街道（下道）
和泉灘
堺
竹內街道
伊勢街道
（橫大路）
今井
連結大和與和泉的伊勢街道十分熱鬧繁榮。
今西家
上田家
卍
稱念寺
為預防外敵入侵，將道路錯開，劃分成容易遇到死路的形狀。

⑹日本從古代到中世後期施行名為條理制的土地區劃（管理）制度。將一定範圍的土地以一〇九公尺為間隔，畫上直角相交的平行線（方格線），區分成正方形。依此制度切割土地稱為「條里地割」。

靠著以大名為客戶的金融業致富

由於今井的經濟發展日趨繁榮，江戶幕府第四代將軍德川家綱將今井納為幕府領地（天領）。不過，幕府並未收回其原有的行政、司法與警察等自治特權，仍舊由今西家、尾崎家和上田家擔任惣年寄，處理一切町政。

順帶一提，今井兵部一族一直是今井的掌舵者，後來與居民之間產生嫌隙，加上土地遭到沒收，最後皈依佛門。

今井分成六個町，十七世紀後半發展達到最高峰，共有一千三百戶、超過四千人居住於此。當時一般村落的戶數只有二十到三十戶，規模之大由此可見一斑。

此處商人以從事肥料、棉花、味噌等買賣為主，累積大把財富的富商開始經營匯兌等金融業。今井富商主要的融資客戶是旗本[61]或下級武士，但也跟大坂商人一樣貸款給大名。有些商家的業務內容還包括與他藩財政有關的事宜，例如惣年寄之一的尾崎家就是奈良的甲府藩德川家飛地[62]的掛屋（處理公家資金的出納業者）。

江戶前期，各藩有各自流通的藩幣（藩札），而金井早在一六三四（寬永十一）年就發行了準藩幣「金井札」。不過，有些藩對於作為信用儲備的金、銀、錢幣準備不夠充分，幕府擔心影響貨幣經濟，於是在一七〇七（寶永四）年禁止藩幣流通。但金井仍可以藩幣兌換硬幣，因此受到他藩的關注。

由此看來，街頭巷尾流傳的「大和的財富有七成在今井」、「錢多到必須拿出來掛在玄關晒才不會發霉」等戲言，並非大張其詞。

制定町法預防大規模火災

町制定的十七條守則，鉅細靡遺地規範居民日常生活的行為，這一點也是今井蓬勃發展的背景之一。不只是禁止賭博，就連如何丟垃圾、如何牽引牛馬都有詳細規定。

其中最值得一提的是第四條與消防有關的規定。居民分成消防員和一般町民，發生火災時，所有人都要依照規定拿著工具用品迅速滅火。整個江戶時代，今井沒發生

⑹日本中世紀到近代的武士身分，一般是指直接受主君指揮且屬於直屬部隊的家臣。

⑹意指在某個地理區劃境內有一塊隸屬於他地的區域。

大規模火災，還能將當時的建築物保留至今，全都要歸功於居民守法的態度。

不僅如此，此處預防犯罪的措施也實施得很徹底。除了居民的親戚之外，嚴格限制陌生人進出今井。町內沒有旅籠，想在此住宿的旅客只能住在一般人的家裡。不過，原則上也只能借住一晚。如要住超過一晚，必須向町年寄[63]提出申請。

這些規定不知是否讓人覺得該町的作風有些保守，不過，今井居民承擔的賦稅很重，因此從十八世紀前半，人口愈來愈少。到了明治時代，同業公會（株仲間）遭到廢止，富商也隨之沒落。今井的繁榮景象已不復見。

大正以後，隔壁的八木町快速發展，今井仍舊保留傳統街景。第二次世界大戰之後，發起全方位景觀保存運動，才能將充滿江戶風情的今井町流傳至今。

[63] 江戶時代町的官職名稱。

大阪

一統天下的戰國大名建立基礎的日本經濟大城

大阪面向瀨戶內海東側，自古就是與東南亞貿易往來的重要據點。大阪也曾是古代都城所在地。中世紀之後，勢力強大的宗教團體本願寺在此建構史上最大的寺內町。天下人豐臣秀吉更在本願寺遺址建造大坂城，統治全國大名。

大坂同時也是商人聚集的城市，從江戶幕府時期備受重視，來自全國的資金和商品造就了發達的經濟都市。這個時期養成大阪人的商人氣息與充滿活力的風土民情，代代相傳至現代大阪。

多個宮都設置於此

大阪城是大阪最具代表性的地標。從最上層的瞭望台可以一眼望盡從豐臣秀吉時代延續至今的大阪街頭。距今約四百三十年前，織田信長的接班人豐臣秀吉在攝津（今大阪府中北部）南部，也就是現在的大阪市中央區興建一座巨城，全國大名皆臣服於他。

今天的大阪城是一九三一（昭和六）年重建的，德川時代的天守台上，設置一個模仿豐臣時代的天守閣，而且位置從未改變，就位於名為上町台地的高台北邊。上町台地一帶自古稱為「難波」，曾經設置過幾個宮都。

根據民間故事的說法，第一個設置在上町台地的都城，是仁德天皇居住的難波高津宮。當時的大阪平原有一座大湖，名為河內湖，周邊村落經常遭受洪水侵襲。根據《古事記》記載，仁德天皇興建了一條運河，協助湖水分流。建設工程將上町台地的北邊與對岸切割開來，於是便在此處設置港口難波津。難波津是從瀨戶內海到河內灣（古代的大阪灣），經由淀川進入內陸的水上交通要衝。也是日後遣隋使船與遣唐使船的出發與返航地點。

雖然天皇後來將都城遷到大和（今奈良縣）的飛鳥，但飛鳥板蓋宮發生了乙巳之變，中大兄皇子（後來的天智天皇）和中臣（藤原）鎌足聯手滅了蘇我氏。孝德天皇藉政變之機將都城遷至長柄豐碕宮（前期難波宮），展開政治改革「大化革新」。此次再度遷都難波，成為由豪族把持政治轉變為皇族親政的轉捩點。

不過，隨著時代過去，淀川河口淤積嚴重，大型船隻無法行駛至河內灣，使得難波的交通和物流據點的地位逐漸式微。

古代的大阪地形

淀川
千里丘陵
河內灣
上町台地的前端就是後來豐臣秀吉興建大坂城的所在地。
生駒山地
上町台地
大和川
河內台地
泉北台地

參考「大和川改道三百周年紀念事業實行委員會」官網圖片製作而成。

後來難波京（後期難波宮）發展成平城京的副都，但朝廷於七八四（延曆三）年遷都至山背（後來的山城、今京都府）的長岡京。自此，難波不再是都城所在地。位於上町台地的都城變成一片農田。

儘管難波不再是首都，但也沒有因此荒廢。渡邊津後來取代了難波津的港口地位，成為連結京都的淀川水運起點，加上四天王寺周邊的參拜者絡繹不絕，形成一幅欣欣向榮的熱鬧景緻。

此外，戰國時代淨土真宗的本願寺在上町台地建設御坊（別院），從此難波成為本願寺的寺內町，逐漸發展起來。

大坂寺內町成為近世城市的先驅

本願寺教團是眾所周知的「一向宗」的別名。十五世紀門主蓮如在北陸布教，守護大名和門徒之間引發大規模爭鬥，於是將據點移至山城的山科。蓮如死後，山科本願寺燒毀於天文法華之亂。教團於一五三三（天文二）年，在蓮如生前隱居的上町台地北邊，興建新本山。當時這一帶稱為「大坂」。

如今這座本山成為聞名遐邇的「石山本願寺」，但這個名稱是豐臣時代以後才有的名字，正式名稱其實是「大坂本願寺」。此外，蓮如在一四九七（明應六）年寄給門徒的信件中，寫著「大坂」二字，這是日本史上最早使用「大坂」名稱的文獻資料。

大坂寺內町由六個町組成，以本願寺為中心。由於此處經常受到大名勢力的軍事威脅，為了加強抵抗能力，町內全部區域皆以護城河與土壘包圍保護。

這類防禦設施近似戰國大名的城下町，不過，從附近領地單一統治權的觀點來看，寺內町似乎又比城下町先進。直到戰國後期為止，大名的居城大多興建在山頂，山區是家臣居住的地方，山麓則是其他町域，各階級不住在一起。相較之下，大坂寺內町包含鄰近的渡邊津與森林等聚落，擴展了都市範圍。

值得注目的是，新融入的聚落居民不只是一向宗門徒。將本願寺與居民連結在一起的不只是信仰，本願寺獲得的利益確保他們可以從事自由的經濟活動。領主主權擴及町域末端，加上活躍的經濟發展，從這兩點來看，大坂寺內町可說是近世城下町的先驅。

大阪本願寺後來與織田信長發生衝突，雙方大戰十年，本願寺不得不退出大坂。大坂城就蓋在本願寺遺址上。

秀吉懷抱的首都構想

豐臣秀吉選擇大坂為根據地的最大原因在於水上交通的便利性。誠如剛剛所說，大阪平原曾有一座河內湖。回溯至繩文時代，現在的大阪平原一帶位於海底，上町台地是一塊突出於河內灣的半島。

隨著氣候變遷與圍墾等，造成河灣陸地化，平原區只剩下如網目分布的河流。其中幾條河流與淀川匯流，再流向京都。豐臣秀吉很重視幕府與朝廷之間的關係，他將目光轉向大坂也是理所當然的結果。

豐臣秀吉掌政時持續疏濬（清除堆積物）淀川河口，船隻可從大阪灣進入淀川。大坂也是陸路交通的中心，通往兵庫、茨木、枚方、奈良、堺的道路四通八達。無論水路或陸路，大坂都是極為重要的交通要衝。

豐臣秀吉在織田信長逝世隔年，也就是一五八三（天正十一）年著手建設大坂城與城下町。首先興建天守與本丸，開工一年半後完成到二之丸。接著興建外郭總構，在總構與二之丸之間設置三之丸。

總構範圍介於東邊的貓間川、西邊的東橫堀川、南邊的空堀通與北邊的大川（淀川舊河道）之間，約兩公里見方。豐臣秀吉當初的構想是讓全國大名住在城下，遷移京都的有力寺院，最後讓天皇從京都搬至大坂居住。

不過，這個構想最終沒有實現。豐臣秀吉積極開發大坂城下，同時在京都建造聚樂第（秀吉在京都內野興建的城郭兼邸第，前後存在期間僅八年），晚年又將根據地遷至伏見城。大坂城成為豐臣家的城池，聚樂第是執行關白政務的地方，伏見城則是豐臣秀吉的住所。

逐漸朝西開發的城下町

話說回來，豐臣秀吉開發大坂城下町之際，要求居住在商業城市堺（今堺市）與平野（今大阪市平野區）的商人遷至城下居住。當時一般的城下町高達七到八成為武家宅邸，豐臣秀吉晚年的大坂超過七成為町人町。由此可以看出豐臣秀吉一開始就打算將大坂營造成經濟都市。

移居至大坂的商人將城下町往西邊擴大，上町台地的西邊為溼地與沙地，不適合居住，但商人們透過填地方式改善地基。以這個方式開墾出來的地區就是船場、島之內一帶。

接著圍繞著船場開挖東橫堀川、西橫堀川、長堀川與土佐堀川，傳承至今的「水都」原型就是在此時完成。現在的船場可以看到豐臣秀吉鋪設的日本最古老下水溝「太閤下水」遺構，部分至今仍在使用中。

此外，今日的大阪市區道路分成「通」與「筋」，例如長堀通、千日前通、御堂筋、谷町筋等。原則上東西向為「通」，南北向為「筋」。據傳通往大坂城，寬度較寬的幹線道路稱為「通」，與其垂直相交，寬度較窄的生活道路稱為「筋」，以此作為區分。

聚集全國物資的「天下廚房」

一五九八（慶長三）年，豐臣秀吉在京都逝世。政權由嫡子秀賴繼承，但後來與德川家對戰落敗，豐臣家就此滅亡。由於主戰場在大坂，市區成為焦土，於是由江戶幕府重新打造。

負責振興大坂的是德川家康的孫子，同時也是伊勢（今三重縣）龜山藩主的松平忠明。德川家康將十萬石的大坂封給松平忠明作為新領地，忠明坐上了大坂藩主的寶座，但僅只有一代。

松平忠明首先開放原是大名宅邸的三之丸闢為市區，讓伏見等處的商人遷居於此。接著重新開發河川，完成因戰爭中斷的基礎建設。最後完成的運河之一就是道頓堀。此名取自在大坂夏之陣戰死的商人成安（安井）道頓，他曾在豐臣秀吉麾下從事挖掘河道的工作。順帶一提，松平忠明根據水帳（記錄土地所有狀況的帳簿）規劃新的行政區劃，投注心力在郊外開墾農田。

松平忠明致力於振興大坂，功績卓著，最後榮升大和郡山藩主。大坂於一六一九（元和五）年成為幕府的天領（直轄領地）。幕府指派大坂城代指揮振興事業，承襲松平忠明的振興基本方針。

幕府在劃分町組時，將商業活動鼎盛的船場一帶，以本町通為界，分成北組與南組，從兩組選出「年寄」，代表幕府執行行政業務。之後又從北組分出天滿組。這三大町組涵蓋的地區稱為「大坂三鄉」。幕府賦予他們一定的自治權，負責通達幕府命令、徵收年貢米等，這些在其他城下町由武士執行的工作，在「大坂三鄉」都是由年寄進行統籌。

大坂三鄉周邊地形與町的分割區劃

以本町通為界，包含北船場在內的區域稱為「北組」，包含南船場在內的區域稱為「南組」，大川以北的天滿一帶稱為「天滿組」。

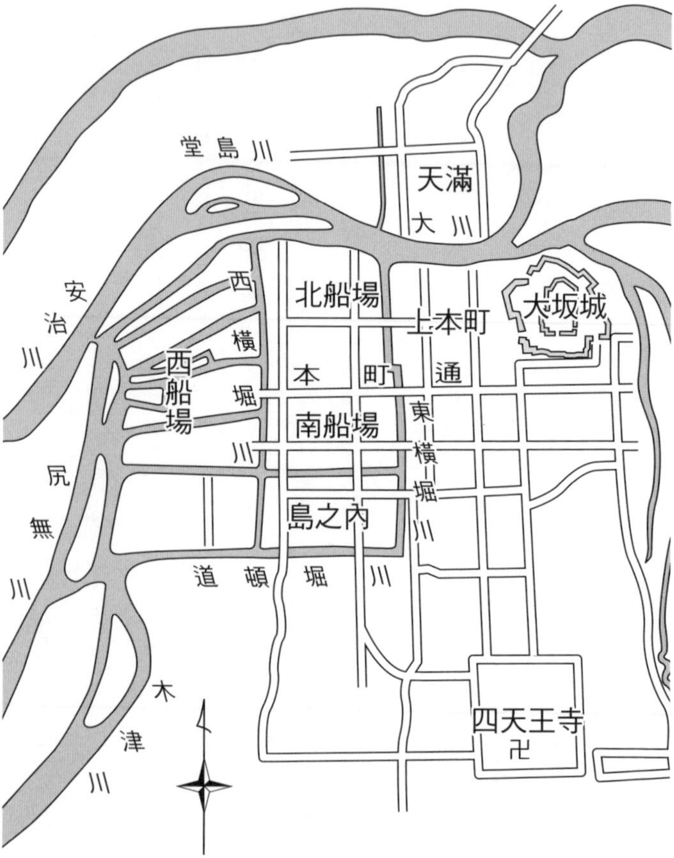

參考大阪歷史博物館藏《大阪三鄉町繪圖》(明曆元年)製作而成。

除了上述政策外，也實施免除地子銀（宅地稅）、開發西迴航路等政策，促進經濟發展。由於各藩的特產品都會先在大坂的大名藏屋敷⑭販售，接著才運往全國的消費地區，使得大坂享有「天下廚房」的美譽。

同樣的，西國、北陸各藩的年貢米也會經由大坂運往江戶，米價行情在大坂決定，因此堂島米會所可說是全世界首間米的期貨交易所。

養成商人氣息的幽默文化

大坂在文化面也發展出獨特道路。元祿期最具代表性的劇作家近松門左衛門、井原西鶴、俳諧師松尾芭蕉，都是上方⑮的文化人。其作品特色是將商人等市井小民的生活樣貌描寫得活靈活現。

對商人來說，與顧客溝通是最重要的一環。從經驗中培養的幽默感，影響了今日

⑭大名為了販賣物產設置在大坂的倉庫。
⑮江戶時代稱呼大坂、京都為中心的畿內地區名稱。

最能代表大阪文化的「搞笑」風潮。

此外，大阪講究美食，願意為了吃傾家蕩產，因此素有「吃倒在大阪」（食い倒れ）的說法。這個說法的起源眾說紛紜，有人認為是取自讀音相同「杭倒れ」。大坂有許多河流，許多富豪為了表現自己的身分地位，拿出私人財產建設橋樑，但由於不思節制，反而導致破產的下場。這是「杭倒れ」的原意，後來轉變為花大錢吃美食，最後將自己吃倒的意思。這就是「食い倒れ」的起源之一。不過，也有人認為這個說法戰後才出現，或許只是單純的文字遊戲罷了。

領導日本的產業革命

大坂最精華的地區「大坂三鄉」的人口在十八世紀後期超越了豐臣秀吉的年代，但之後逐漸減少。其中一個原因是大坂商人轉移陣地，前往進入成熟期的江戶發展。

明治時代以後，「大坂」重生為「大阪」。新時代的到來成為大阪經濟的阻礙，原本在江戶時代許可的同業公會等特權，進入新時代遭到廢止。藩的解體也導致大名藏屋敷不復存在，富豪紛紛破產倒閉。

明治政府打出殖產興業的口號，全力扶植主要出口商品，例如生絲與棉織物等纖維業。

受此趨勢影響，大阪的紡織業十分興盛。一八八二（明治十五）年，日本成立了第一間近代的紡織公司「大阪紡織公司」（今東洋紡），從此之後，紡織公司也開始陸續成立。大阪創下全國第一的工業生產額，躍升為日本第一的纖維城市。

大阪不只發展輕工業，也跨足重工業，陸續開設工廠。日俄戰爭時，工業人口已經超越商業人口。日本產業革命的中心絕對是大阪。

受到時代風潮影響，一八八九（明治二十二）年大阪實施市制。當時的大阪市面積與江戶時代大坂三鄉幾乎相同，之後又與鄰近的市町村合併，於二十世紀初期成為人口數位居世界第六的大城市。

東洋最大的兵工廠——大阪陸軍造兵廠，在第二次世界大戰期間扮演重要的角色，但大阪市同時又遭遇大阪大空襲，美軍轟炸機的空襲行動奪走了超過一萬名無辜百姓的性命。

慶幸的是，大阪即使遭遇逆境，依舊沒有失去活力。戰後，大阪市立刻實施復興計畫，著手修築大阪灣，鋪設高速鐵道。儘管一路上面臨高低起伏的考驗，仍一步步重拾經濟規模，最後成功復興，再次成為日本數一數二的大城市。

堺

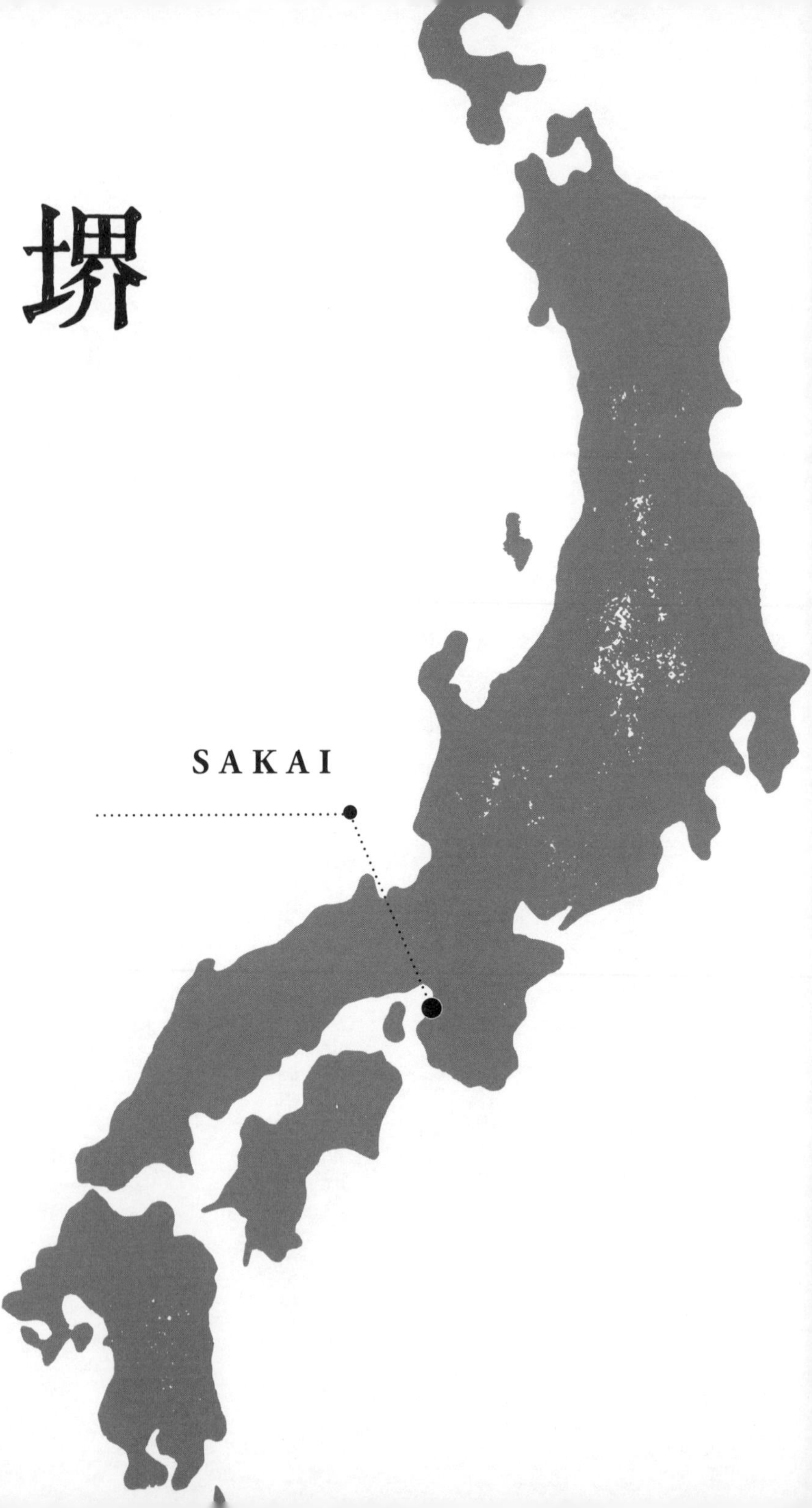

有「東方威尼斯」之稱的商人自治城市

堺與大阪、京都、神戶並列為關西中核市。誠如大家所熟知的，堺是室町時代日本最大的商業城市。回顧其發展歷程，其產業抬頭的起點可追溯至古墳時代。

堺曾經也是自治城市。在織田信長和豐臣秀吉介入之前，堺商人從未接受過當權者的統治，這樣的日子過了一百年。身處於各種統治階級插旗爭鬥的畿內地區，他們如何建立自治城市的樣貌？且讓我們一一剖析。

受到大海與水濠包圍的環濠都市

在中世紀歐洲社會中最知名的日本城市，既不是京都，也不是博多，而是堺。一五五六（弘治二）年，到日本布教的葡萄牙傳教士卡斯帕・維列拉（Gaspar Vilela），在自己的著作中以「東方威尼斯」形容堺，當時的世界地圖上也有堺這個地方。

堺是個商人自治的城市，西鄰和泉灘（今大阪灣），其他三方皆有水濠圍繞，亦屬於環濠都市。堺市建築在不利排水的沙堆地質，雖不適合建立城市，但這個惡劣條件反而有利於防禦。

以一統天下為目標的豐臣秀吉覬覦堺的經濟實力，想將其納入大阪城下，於是將水濠回填到只剩一半的寬度。至於為什麼不全部填平？關於這一點至今仍眾說紛紜。

另一方面，江戶幕府直接將堺設為直轄領地，實施新的行政區劃，在原本的水濠外側挖一條土居川。土居川在第二次世界大戰後大部分遭到回填，現在則是阪神高速十五號堺線的行經地點。此外，流經西部的內川為當時的海岸線，介於內川與阪神高速高架道路之間的地區，直到江戶中期都是堺的市區。

江戶中期，幕府推動大和川改道工程，改變了堺的既有景觀。由於大和川的河口經常氾濫，因此幕府將河道往南移，移至堺的北邊。堆積在新河口的沙土用來填南島新田等處的新地，完成現今堺市的輪廓。

此外，大和川改道工程導致堺津無法發揮港口機能，幕府在西邊填河造地，並於一八一〇（文化七）年遷移港口。中世紀的堺津在如今的戎公園（Xavier Park）一帶，公園內還有標示當時海岸線的石碑。

身兼商人的中世紀工匠集團

打開江戶時代繪製的地圖，可看出堺的市區規劃，是以南北延伸的大道筋與東西橫貫的大小路交會的十字路口為中心進行行政區劃。這兩條道路自古就是畿內的主要幹線，大小路更是攝津（今大阪府中北部）與和泉（今大阪府西南部）的國境邊界。

「堺」這個地名來自其地理位置。「堺」這個字以聚落之意首次出現在平安時代貴族藤原定賴創作的歌集《定賴集》中，歌詠人們為了泡鹽湯浴（治療疾病的海水浴）造訪此地的景象。

江戶末期的堺市區

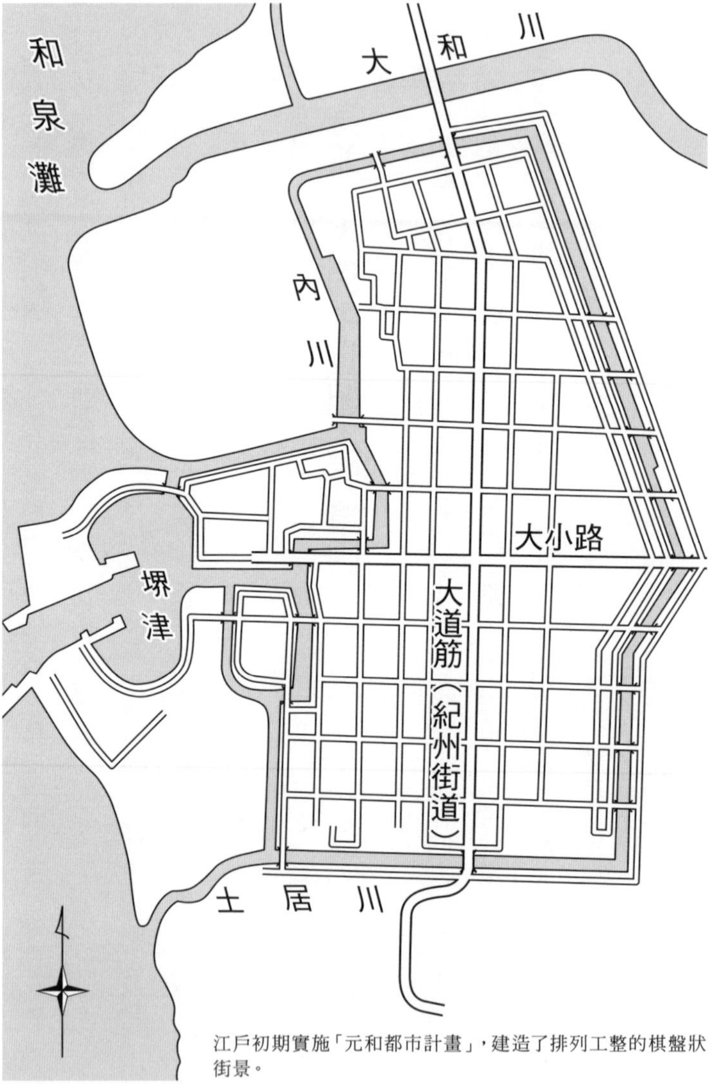

江戶初期實施「元和都市計畫」，建造了排列工整的棋盤狀街景。

參考堺市中央圖書館地域資料數位典藏繪圖《文久改正堺大繪圖》製作而成。

大家都知道如今堺市有一座仁德天皇的陵墓，名為大仙古墳。包括堺在內的古代泉北丘陵，有許多侍奉大和王權的聚落。製造須惠器（土器）的陶部，是侍奉天皇的工匠組織之一，考古學家在泉北丘陵找到許多當時的窯跡。

進入鎌倉時代後，鑄造梵鐘的丹南鑄物師備受矚目。他們也是商人，從各地帶回商品在堺販售。堺原本是一處漁港，受到丹南鑄物師的影響，逐漸發展成為貿易港。

受到寺社庇護發展的自治組織

南北朝時代，山名家擔任和泉守護。山名家是擔任十一國守護的大大名，一三九一（元中八／明德二）年發生明德之亂，山名家自此沒落。舉兵平定動亂有功的大內家成為新的和泉守護。在此之前，守護所一直設在府中（大阪府和泉市），大內家將守護所遷移至堺。

不過，大內家與室町幕府對立，一三九九（應永六）年幕府軍攻打堺，史稱應永之亂。據傳堺有一萬間房屋在應永之亂中燒毀。

在此之後，由擔任幕府管領的細川家出任和泉守護。然而領內有許多足利將軍的直轄領，各地還有與朝廷和足利家關係深厚的寺社莊園，當時的和泉可說是由朝廷、武家、寺社等權力階級，構成錯綜複雜、層層交疊的統治網絡。另一方面，也因為此處沒有突出的強權統一管理，成為町人自治的遠因。

由於宗教勢力與堺的連結性較強，町人捐錢興建寺社，換取寺社的庇護，並透過舉行祭禮推動町政的組織化。此外，當時的堺有許多宗派的寺院，包括時宗、法華宗與一向宗等。對於宗教的包容性和多樣性也提升了町人的教養。

以大亂為契機發展成國際貿易港

堺是個商人聚集的城市，其中不乏來自畿內以外地區的商人。堺津過去只是個內港，室町時代中期以後轉型為國際貿易港。轉捩點是一四六七（應仁元）年爆發的應仁之亂。西軍的大內家占領幕府的外港兵庫津，對幕府與東軍的細川家來說，此舉等於封鎖了從瀨戶內海往玄界灘的航線。從此之後，幕府改以堺為據點，推動明日貿易⑯，主要航線從現在的高知海域繞經鹿兒島前往明朝。換句話說，堺成為日本與明朝、朝鮮之間的貿易基地。

誠如先前提過，戰國時代的堺媲美義大利威尼斯。不只因為堺是繁榮的商業都市，實行自治的町人組織也與負責營運威尼斯市的「十人委員會」雷同。當時的堺以合議制的方式由今井宗久、千利休等富商組成的「會合眾」執行町政事務，當時的領導人與威尼斯市一樣，也是十個人。

承襲至今的技術力

堺也是一座工業城市，開始製造鐵炮。織田信長看準這一點，擁戴足利義昭當上第十五代將軍，換取在堺設置代官的任命權。

剛開始會合眾反對幕府介入干預，但後來降伏於織田信長之下。不過，織田信長任命的代官是今井宗久，等於維持由會合眾自治的政治體制。今井宗久與同為富商的

⑯室町時代，日本與明朝兩國之間實行的商業交易活動。

津田宗及等人支持織田信長，繼承政權的豐臣秀吉也重用千利休。

另一方面，豐臣秀吉任命自己的心腹石田三成為堺奉行，町人自治走向名實具亡的結局。商人被迫遷往大坂城下，堺的經濟實力大幅衰退。不僅如此，大阪夏之陣的戰火也燒毀了兩萬間房屋。

後來在江戶幕府的支持下，堺再次走向振興之路。雖然大多數商人遷至大坂，但鐵炮鍛冶的金屬加工技術代代相傳至今，刀刃製造更成為堺的傳統產業。如今，堺的人口已超過八十萬，在阪神工業地帶站穩了自己的腳步。

京都

日本核心的千年古都

平安遷都以來，有很長一段時間，京都一直是日本的首都。包括神社佛閣在內的各地古蹟與傳統祭典，成為珍貴的文化遺產傳承至今。然而，這一路並非平靜無波。皇族、公家、武家齊聚於京都，每每成為動亂的舞台，承受破壞性的災害。京都走過什麼樣的歷史，如何成為現在的大城市樣貌？容我們一一探索。

受困於饑荒與疫情不得不遷都

從平安時代到江戶時代，皇居一直設在京都。無論稱呼「京」或「都」，這兩個字都讀作「みやこ」（MIYAKO），代表天子，亦即大和王權首長「天皇」所在地。從推古天皇到天武天皇時代，每當新天皇登基就會按照慣例遷都。六四六（大化二）年，孝德天皇推動大化革新，開始建構長期性都城。藤原京（奈良縣橿原市）與平城京（奈良縣奈良市）就是基於此方針興建的城池。不過，受到交通不便和水患頻發的影響，桓武天皇乃於七八四（延曆三）年從平城京遷至長岡京（京都府長岡京市）。

當時佛教勢力與豪族形成錯綜複雜的關係，時常干預政治，桓武天皇將都城從大和（今奈良縣）遷移至山背（後來的山城、今京都府），就是為了排除佛教勢力。可想而知，佛教勢力強力反對這次遷都，甚至使得擔任造長岡宮使的藤原種繼遭到暗殺。參與此暗殺事件的桓武天皇之弟早良親王也被判處流放罪，更在前往流放地的途中橫死異鄉。

之後長岡京不斷發生饑荒和疫情，當時認為這些災厄都是怨靈詛咒所引起，因此桓武天皇只在長岡京待了十年就廢京，並著手建造新都城「平安京」。

好運流動的「四神相應之地」

平安京建築在京都盆地的北部，丹後山地和比叡山山麓的扇狀地帶。構成地形的山河被形容為「山河襟帶」，對當時的都城具有重要意義。

古代日本政治融入中國思想，平安京的地理位置也符合「四神相應」的觀念。「四神」指的是守護東西南北四角的青龍、白虎、朱雀、玄武四大神獸。青龍代表川、白虎代表道、朱雀是開闊的土地、玄武則是山。東有鴨川、西有山陰道、南有巨椋池、北有船岡山的平安京可說是好運流通之道。

遷都在經濟方面也有益處，京都盆地北部為扇狀地形，河川較多，其中鴨川與桂川、宇治川一起匯入淀川，注入大阪灣。陸路也面向山陰道、山陽道與北陸道，平安京在水陸交通上都處於交通要衝。

新都城和平城京一樣，以唐朝都城長安為原型。範圍為東西四點五公里，南北五點二公里的長方形。效法長安以天皇御所為中心的大內裏（平安宮）置於北邊，以往南延伸的朱雀大路（今千本通附近）為軸，分為東邊的左京與西邊的右京。

平安初期的嵯峨天皇將左京與右京各自取了充滿唐朝風情的坊名，後來又學習唐朝的東西都，將左京稱為「洛陽城」、右京稱為「長安城」。不過，面向桂川的右京處於低溼地，後來遭到廢除。

對照之下，家屋密集的左京開始蓬勃發展。平安京最後以左京（洛陽）為中心，直接稱為洛陽，並以「洛中」、「洛外」代表平安京的內外，人們上京時也會說成「上洛」。今日的上京區、下京區、中京區，加上南區和北區的部分地區就是當時的「洛中」。

保存舊時風俗的市內地址寫法

現在的京都市內道路呈棋盤狀垂直交錯，這是「條坊制」都市計畫留下來的樣貌。平安京共有東西十三條、南北十一條大路，東西大路劃分出來的列稱為「條」，各條以南北大路隔開的區劃稱為「坊」。

由四條大路圍出來的坊，再由縱橫各三條的小路分割成十六等分，此十六分之一的區劃稱為「町」。平城京也有相同的町，但面積不同。平城京的町會因為相連道路的寬度不同而大小不一，但平安京一町就是一百二十平方公尺的正方形，大小完全一樣。此外，一町的三十二分之一就是宅地給付的基本單位。

以平安京為中心的四神相應

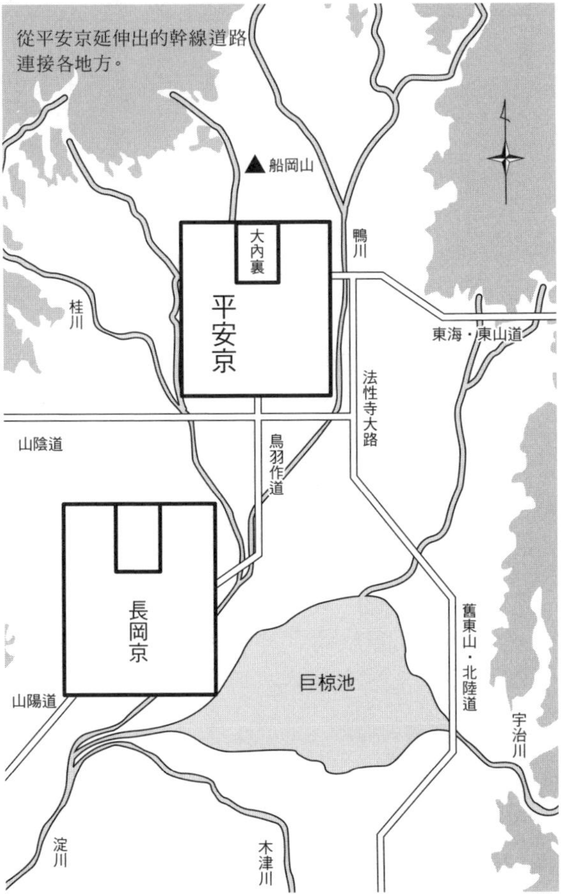

引自足利健亮《日本古代地理研究》（一九八五）。

京都市內的地址有「上る」、「下る」、「東入る」、「西入る」等寫法，以京都市公所的地址「京都市中京區寺町通御池上る上本能寺前町488」為例，此地址的意思是「從寺町通和御池通十字路口往北的上本能寺前町」。在平安京，往大內裏所在的北方走稱為「上る」，往南走稱為「下る」；往東西延伸的道路走則是「東入る」、「西入る」。

對照貴族與庶民的生活樣貌

平安京的人口數量眾說紛紜，大約在十二到十三萬人之間。主要包括皇族等上級貴族一千六百人、下級貴族三千七百人、無官員的役人（公務員）一萬五千人、一般庶民九萬人。

上級貴族住在左京五條大路以北，官方分配的宅地超過一町，宅邸皆為寢殿造⑰風格。上午前往位於大內裏的中務省、民部省等官廳工作，主要處理事務作業。下午則是休閒娛樂時間，創作和歌、玩蹴鞠遊戲。

相較於貴族過著風雅的生活，庶民則過著庸庸碌碌的日子。他們受雇於貴族，在宅邸內處理雜務。若生病無法工作就會被趕出宅邸，不少人因此曝屍街頭。

左京的範圍後拓展至北野、鴨東、白河一帶，北部稱為「上京」、南部稱為「下京」。從院政⑱時期開始擴大市區範圍，各地區都有天皇、上皇的別邸，以及包括六勝寺在內的寺院。

武士在平安時代逐漸抬頭，取代下級貴族和地方官人，平安京時常發生豪族之間的武力衝突。一一五六（保元元）年的保元之亂與一一五九（平治元）年的平治之亂，是平氏取代藤原氏，在宮中掌握大權的契機。平清盛以六波羅（京都市東山區）為據點，平氏滅亡後，鎌倉幕府在六波羅設置分支機構「六波羅探題」，從此之後，平安京有愈來愈多武家地（武家宅邸）。

⑰日本平安時代平安京高級貴族的住宅風格。稱作寢殿（正殿）的中心建物面南側庭院而建，庭中有水池，東西有稱作對屋的附屬建物，和寢殿以渡殿連結，從東西的對屋再向南伸出渡殿，南端設有釣殿。

⑱日本政權由攝關政治轉移到幕府過渡期的政治體制。

京都變成焦土的應仁之亂

平安京的中樞大內裏屢傳祝融之災，一二二七（嘉祿三）年發生大火後決定廢除。之後天皇便在藤原家等有力貴族的宅邸中執行政務，此時的御所稱為「里內裏」。

南北朝時代初期的光嚴天皇，在里內裏的土御門東洞院殿（京都市上京區）即位。此後一直到明治時代，土御門東洞院殿成為天皇的正式御所。如今的京都御苑就在同一個地方。

推翻鎌倉幕府的足利尊氏擁立光嚴天皇的弟弟，也就是光明天皇成為北朝的第二代天皇，並在京都創設室町幕府。尊氏宅邸介於現在的二條通、御池通、柳馬場通、高倉通一帶，此處就是室町幕府的發祥地。第三代將軍足利義滿將御所遷至室町（京都市上京區），更在庭園種植各式各樣的花卉，因此室町御所又被稱為「花之御所」。

室町時代對京都來說是動盪的時代，一四六七（應仁元）年發生的應仁之亂完全改變了京都的景色。

應仁之亂是第八代將軍足利義政的弟弟義視，與義政的嫡子義尚之間的接班人爭奪戰，加上細川家、山名家等有力大名的權力鬥爭，進一步發展成大規模內亂。與細川家一起擔任幕府管領的畠山家也發生內亂，身為堂兄弟的畠山政長與畠山義就在上御靈神社（京都市上京區）發生激烈衝突。這次的御靈之戰成為東軍與西軍爆發十年大戰的導火線，據傳平安京有三萬戶遭到燒毀。

西軍將本陣（大本營）設置在大宮今出川（京都市上京區），此處如今也稱為「西陣」。過去在大內裏製作織物的工匠為了躲避戰火，逃到畿內各處避難，戰後也在大宮今出川發展織物產業。這就是西陣織的由來。

振興京都是由工商業者為主的町眾帶頭，因大戰中止的八坂神社（京都市東山區）祇園祭再次於一五〇〇（明應九）年舉行。盛大的山鉾巡行表現出町眾的經濟實力。

因秀吉而重生的都城

織田信長與豐臣秀吉接手主導京都振興，豐臣秀吉時代更是產生極大變化。豐臣秀吉一統天下後，將根據地設在大坂城，最初也曾想過將皇居遷至大坂。儘管這個構想沒有實現，但對京町進行大規模改造。

豐臣秀吉就任關白後，在過去大內裏原址興建自己的辦公場所聚樂第。一五八八

豐臣政權下前後的京都市區

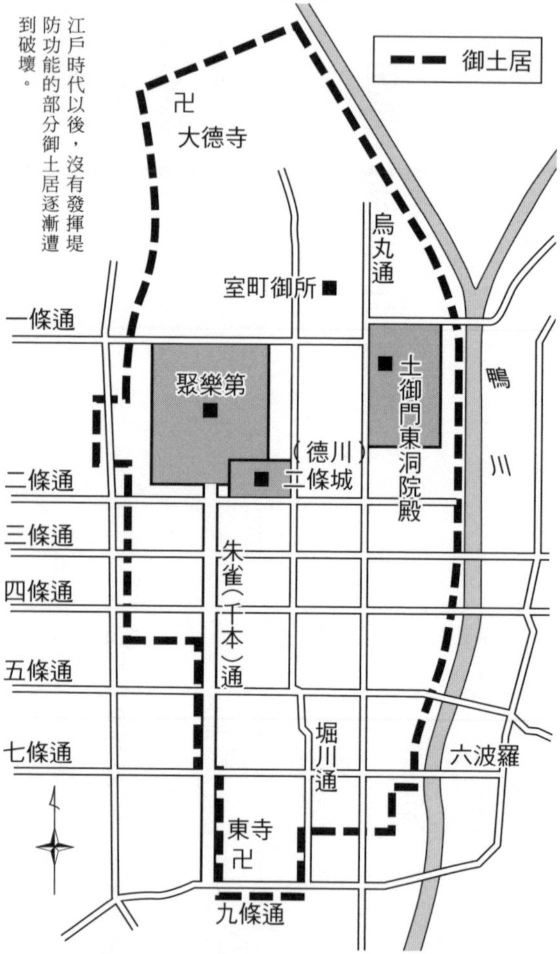
江戶時代以後，沒有發揮堤防功能的部分御土居逐漸遭到破壞。
御土居
卍
大德寺
烏丸通
室町御所
一條通
聚樂第
土御門東洞院殿
鴨川
（德川）二條城
二條通
三條通
四條通
朱雀（千本）通
五條通
七條通
堀川通
六波羅
東寺
卍
九條通

參考京都市文化市民局文化藝術都市推進室文化財保護課「京都市情報館」官網刊載的史蹟御土居製作而成。

（天正十六）年邀請後陽成天皇至聚樂第行幸，讓全國大名在天皇面前誓言效忠豐臣家。之後豐臣秀吉將聚樂第與關白之位讓給外甥豐臣秀次，自己在東山連山的南端建造伏見城（京都市伏見區），以太閤之姿執掌政權。

此外，更在市區周邊興建總長約二十二點五公里的堤防「御土居」，不僅抵禦外敵侵略，也用來阻擋鴨川的氾濫。堤防範圍的東西從河原町通到中京區西之京圓町，南北則是從南區的東寺到北區的紫竹上之岸町，如今依舊可在御土居史蹟公園（京都市北區）等地見到其遺構。

御土居建設完成後，將其內側稱為洛中、外側稱為洛外。明確訂定洛的範圍，藉此展示豐臣家的權勢。

從國內數一數二的觀光勝地變成動亂城市

德川政權下的京都屬於幕府直轄地，由京都所司代負責管理。

隨著大坂以經濟城市之姿蓬勃發展，京都物流起了很大變化。最具代表性的範例就是富商角倉了以開挖高瀨川。這條連結京都與伏見的運河，使得從淀川途經大坂的物資，可以整船直接運到京都中心。身為河港的伏見海邊，停著往來於京都與伏見的高瀨舟，以及往來於大坂與伏見的過書船，顯得十分熱鬧。

此外，江戶時代開始重建在應仁之亂燒毀的眾多寺院，包括南禪寺（京都市左京區）、仁和寺（京都市右京區）、善峯寺（京都市西京區）等。江戶後期掀起造訪神社佛閣與歷史古蹟的觀光風潮，曲亭馬琴、司馬江漢、貝原益軒等文化人與學者將京都觀光的風景匯集成書。

可惜好景不常，隨著一八五三（嘉永六）年黑船來航⑲，和平安詳的太平盛世宣告終結，日本再次進入動亂時代。全國大名各自主張開國與攘夷，彼此激烈爭鬥，京城發生多起暗殺事件，空氣中瀰漫著一股肅殺的氣氛。

當時最有名的騷動就是新選組逮捕尊攘派浪士的池田屋事件（京都市中京區）、坂本龍馬遭到殺害的寺田屋事件（京都市伏見區）與近江屋事件（京都市中京區）。不過，這些建築物已不復存在，寺田屋於明治時代重建，現在是一間旅館。

從人口嚴重流失中重新奮起

日本經歷鳥羽伏見之戰（京都市南區、伏見區）引爆的戊辰戰爭，邁入新的明治時代。身為政府首腦的大久保利通考慮將都城從京都遷至大阪，但受到財政窘迫影響，最後決定直接使用江戶幕府的官方廳舍，遷都東京。

過去稱呼京都有人稱為「京」，有人稱作「京都」，名稱並不一致，新政府在上台之際正式定名為「京都」。從平安遷都開始，京都當了一千多年日本的首都，這個歷史也在這一刻畫下句點。

江戶末期，京都人口從三十五萬人驟降到二十萬人，遷都東京對京都來說無疑是一大打擊。京都府著手推動都市振興事業的「京都策」。最具代表性的政策是促進以織物和金屬加工等傳統工業為中心的產業，舉辦內國勸業博覽會⑩，開發新京極（京都市中京區）鬧區等。從明治到大正時期持續推動各項措施，使得京都市人口在一九三五（昭和十）年突破一百萬人。

⑲美國海軍准將馬修・培理率艦隊駛入江戶灣浦賀海面，培理帶著美國總統的國書向江戶幕府致意，最後雙方於次年簽定《神奈川條約》。此事件被視為日本歷史幕末時期的濫觴。

⑩明治時期為促進近代化，以國內產業開發及發展出口商品為目的所舉行的博覽會。共舉行五屆。

相較於其他日本國內主要都市，京都在第二次世界大戰中並未受到大規模的空襲，保留了歷史悠久的神社佛閣與各種文化財。這些重要的觀光資源，使得今日的京都市成為日本最具代表性的觀光城市。

神戸

自古即與國外交流的山麓港都

近畿地方的都市中，神戶在明治時期興建了許多充滿西洋風格的異人館[71]，給人時髦港都的印象。

話說回來，神戶自古就是港都，而且離畿內的京都很近，所以自古就是重要的貿易港，平安時代末期還差一點成為日本首都。其實在幕末成為對外貿易港之前，神戶就與北海道、沖繩串聯起全國性的海路運輸網，成為繁榮的海運中心。這座擁有一千五百多年歷史的港灣都市究竟走過哪些繁華歷史？且讓我們一一回顧。

[71]日本幕末到明治時代（主要為明治時代）外國人居住的住宅。

與六甲山地一起誕生的天然良港

提起神戶市，就會讓人聯想到它與函館、橫濱、長崎等地齊名的特色，這幾個城市都是「充滿異國風情的港都」。而且這四座城市的港灣都鄰近山區，神戶市的背後是海拔將近一千公尺的六甲山地，橫亙在港口的東西兩側。

距今約一百萬年前，現在的神戶市周邊經常發生地殼變動，形成六甲山。知名職棒球團歌曲《阪神虎之歌》中，就提及當地有名的「六甲落山風」，這股落山風吹拂的就是從六甲山流下來的沙土所形成的土地。

面向港灣的六甲山地南邊斜坡呈階梯狀高低起伏，這是過去的地殼變動所造成的幾個斷層。這些斷層直到現在仍不穩定，經常發生大地震。

受到六甲山地與東邊的和田岬影響，即使不是冬季，神戶也會颳起強風，加上湊川河口泥沙淤積，水底形成好幾座小山，使得大海浪無法打進港口。由於這個緣故，神戶自古就是適合船隻停泊的良港。雖然過去的地殼變動形成了六甲山地，卻使得海底相對較深，近代以後有利於大型船舶停靠。

平氏最興盛的時期曾經差一點成為首都？

與先前提及的函館、橫濱、長崎相比，神戶離京都所在的畿內較近，自古就是西日本各地莊園運送物資的港口，也是與中國王朝進行交流的外交窗口。

根據《古事記》與《日本書紀》記載，三到四世紀神功皇后遠征朝鮮半島時，從「務古水門」進出。「務古」亦寫成「武庫」、「六兒」，指的是與現在的神戶市重疊的武庫川到生田川一帶。由於此處從朝廷（畿內）往外看，位於「對面」（日文讀音近似）的位置，因此得名。過了幾年之後又改成「六甲」這兩個字。

相傳神功皇后回國後，興建了生田神社。繳稅給神社的居民稱為「神戶」，生田神社的神戶聚落到了平安時代成為地名「神戶鄉」。中世紀也曾記載為「紺部」、「上部」，江戶後期定名為「神戶」，讀音也確立為「Kobe」。

八世紀的詩歌總集《萬葉集》收錄了一首和歌，描述當時的神戶港稱為「敏馬之浦」，而且有許多船隻往來。

平安末期，平清盛致力於與中國宋朝進行貿易，一一六一（應保元）年於現在的神戶市兵庫區修整大輪田泊。此時還興建了人工島「經島」，防禦從東南方吹過來的強風與大浪入侵。根據當時的習俗，建築工程動工前，會把人活埋在工地內祈禱工程順利，稱為「打生樁」。興建經島時以填埋寫著經文的石頭取代打生樁，因此取名經島。經島的面積約為六百五十平方公尺。如今築島水門附近，還留著經島施工時使用的巨石。

包括平清盛在內的平氏掌權者都在鄰近大輪田泊的福原設置居所，一一八〇（治承四）年，平清盛建造福原京並短暫遷都，此舉遭到外界強烈反彈，甚至引起源氏起兵，半年後平清盛被迫遷回京都。平清盛最初想在東起宇治川、西至妙法寺一帶興建福原京，可惜這個構想沒有完全實現。

進入鎌倉時代之後，大輪田泊改名為「兵庫津」，繼續轉運從九州與四國等西日本各地運過來的物資。到了室町中期，足利義滿推動明日貿易，以兵庫津為據點，吸引朝鮮和琉球的商船停靠。

大量白米在兵庫津轉運

中世紀的日本，凡是有權力的寺社都擁有許多領地。一三〇八（延慶元）年，伏見上皇經由兵庫津，運送捐給東大寺的物資。

奈良的東大寺與興福寺分別在兵庫津的南北設置關所（關卡），針對入港船舶收取通行稅。根據東大寺記錄的《兵庫北關入船納帳》，一四四五（文安二）年，全年從日本各地有約一〇六處，共兩千艘左右的船隻進入兵庫津。運送米、鹽、木材、鐵等多達六十四個品項的貨物。

一四六七（應仁元）年爆發應仁之亂，細川勝元率領的東軍和山名宗全統御的西軍激烈對抗，兵庫津慘遭破壞。自此之後，堺津成為整個戰國時代的國際貿易港。

一五八〇（天正八）年，織田信長將攝津分封給池田信輝，信輝在現今的兵庫區切戶町興建兵庫城。江戶幕府成立後，兵庫津先成為尼崎藩領地，後又納入幕府直轄地，由幕府派遣奉行治理城下。

江戶時代，伊勢出身的河村瑞賢開拓西迴航路，兵庫津再次成為日本數一數二的港灣都市。在此之前，東北日本海側收穫的米等物資都是運到越前（今福井縣）上岸，再從陸路送至畿內。自從西迴航路開通後，可全程透過海路，經由瀨戶內海送至兵庫津。作為貨物集散地的兵庫津從此開創了前所未有的榮景。

這段期間兵庫津最活躍的大商人，是以北風七兵衛為首的北風家。凡是入港的貨主或船家，北風家都免費讓他們住在自己家裡盛情款待，因此頗具人望。

北風家經營的商品之一，就是從畿內運至江戶的「下酒⑫」。神戶上灘等「灘五鄉」從江戶中期以來就以釀酒聞名，不只是因為附近生產優質米，其地還擁有豐沛的水源。從六甲山流下來的宮川與住吉川一帶，也興建了許多利用水車碾米的精米小屋。灘的酒造家（釀酒人）的酒藏（酒窖）牆上有窗，引進六甲落山風，適度調節酒藏裡的溫度，設計頗具巧思。幕末時期，銷往江戶的酒樽，高達六成來自神戶。

到了江戶後期，高田屋嘉兵衛以兵庫津為據點，開拓連結蝦夷地（今北海道）與畿內的航路，從事包括昆布在內的海產買賣，賺取龐大利潤。

不選兵庫津而在神戶開港的理由

幕末時期一八五八（安政五）年，幕府與美國、英國、俄國、法國、荷蘭簽訂《五國通商條約》。各國要求日本開放神奈川、長崎和畿內的港口，幕府不願開國，避開了畿內的商業中心大坂，最後決定開兵庫津，但人口稠密的兵庫津很難興建新的貿易設施，也為了避免居民和外國人接觸，幕府在兵庫津東邊、人口較少的神戶村建設了新的港口和外國人居留地。

一八六八（慶應三）年兵庫開港，這是實質上的神戶開港。此時以湊為界線，以西為「兵庫港」、以東為「神戶港」，直到市鎮發展起來才統合成神戶港。

開港前後劃分的外國人居留地西式洋房林立，形成洋溢異國風情的街區。外國人居留地相當於現在的神戶市中央區、花路與鯉川筋和舊西國街道圍起來的區域。時至今日，日本政府將中央區北野町一帶指定為國家重要傳統建築物群保存地區，此處保留許多外國人居住的洋房，其中包括德國貿易商托馬斯（風見雞館）的宅邸。

此外，居留地的西邊闢出一塊允許外國人居住的雜居地。由於外國人太多，居留地不夠住，才會特別規劃出外國人和日本人混居的住宅區。這是神戶特有的區域，橫濱等其他開港城市都沒有。後來連不包含在《五國通商條約》的清朝（中國）人民也不住在居留地，全部聚集在雜居地，形成名為「南京町」的中華街。

⑫江戶時代在上方生產，運送至江戶消費的酒。

走過空襲與震災的振興之路

神戶港開港後沒有任何碼頭提供大型船隻使用的棧橋，結構也不足以防颱，於是兵庫縣聘請英國人約翰・馬歇爾（John Marshall）於一八七三（明治六）年制定大規模建港計畫。日俄戰爭後，一九〇五（明治三十八）年，前神戶海關首長水上浩躬就任神戶市長，以馬歇爾的構想為藍圖，正式興建由鋼筋水泥製成的大型船塢。

明治末期，神戶港與上海、新加坡同為東洋最大貿易港。不過，也正因為神戶是重要港灣都市，第二次世界大戰爆發後，多次遭到空襲，一九四五（昭和二十）年六月的神戶大空襲毀壞了神戶市的東半部。野坂昭如的小說《螢火蟲之墓》就是以此次大空襲為題材。

進入高速經濟成長期後，為了拓寬沿海的狹小腹地，開始挖掘六甲山的土石，進行填海造地。一九八一（昭和五十六）年完成規模龐大的港灣人工島，不久之後，六甲人工島也跟著竣工。

現在的神戶市周邊地形（上）與明治初期的神戶（下）

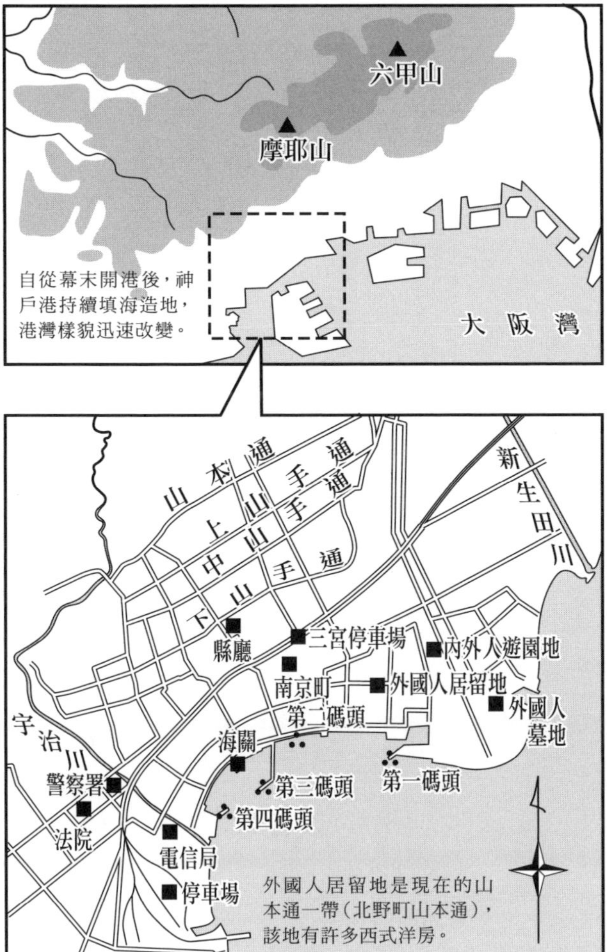
六甲山
摩耶山
自從幕末開港後，神戶港持續填海造地，港灣樣貌迅速改變。
大阪灣
山本通
上山手通
中山手通
下山手通
新生田川
縣廳
三宮停車場
內外人遊園地
南京町
外國人居留地
外國人墓地
第二碼頭
海關
第一碼頭
第三碼頭
宇治川
警察署
第四碼頭
法院
電信局
停車場
外國人居留地是現在的山本通一帶（北野町山本通），該地有許多西式洋房。

參考東京大學出版會《圖集　日本都市史》第二七四頁「神戶開港場　明治十四年」圖片製作而成。

不料，一九九五（平成七）年一月，發生了規模七點三的兵庫縣南部地震（阪神大地震）。神戶市有許多明治時期以來填埋溼地形成的新生地，地盤相當脆弱，這場地震導致二十五萬多戶居民受災。

地震也破壞了生田神社、舊外國人居留地的異人館等許多珍貴文化財，後來由神戶市主導修復。

神戶市走過重建之路現已新生，並於二〇一七年迎接開港一百五十周年紀念。

廣島

由河口沙洲發展而成的瀨戶內海要衝

廣島遭遇原子彈的毀滅性破壞，靠著市民的努力再次蓬勃發展。廣島市的歷史奠基於匯入瀨戶內海的太田川整治過程與圍墾計畫。

廣島境內有許多河川，水運相當發達，戰國時代毛利氏圍墾河口，興建廣島城。江戶時代，廣島成為瀨戶內海首屈一指的商業城市。明治維新後發展成為中國地方（譯註：又稱為中國地區或山陰山陽地方，是日本本州島西部的山陽道、山陰道兩個地區的合稱，包含鳥取縣、島根縣、岡山縣、廣島縣、山口縣等5個縣）的陸軍據點，這座建立於三角洲上的「水之都」是如何擁有今日的榮景？

多條河川流經的「水之都」

仔細觀察廣島市的空拍圖，可以看到太田川，以及從太田川分流出來的天滿川、元安川、京橋川、猿猴川等多條河川分布境內，可說是名符其實的「水之都」。三角洲是由多條河川在河口堆積沙石，經年累月沖積出來的地形。在日本大都市中，廣島市的地形就是最典型的三角洲。

直到四百多年前，遭受原爆攻擊的廣島市中區大手町一帶是一片汪洋，位於南區、海拔約七十公尺的比治山還是座小島。

根據推算，律令時代的安藝國府應該在廣島市中心偏東的府中町。平安中期，太田川成為連結內陸與沿岸的重要水運交通。嚴島神社旗下莊園採收的物資會先存放在此處的倉庫，就位於現在的廣島市安佐南區山本周邊。

在一二二一（承久三）年爆發的承久之亂中屢創戰功的武田信光就任安藝守護職，於現今的安佐南區武田山建設佐東銀山城。城池位於海拔四百十一公尺的山頂，可完全掌握水上交通要衝太田川和陸上交通要衝山陽道。城下設置市鎮，逐漸將安藝的中心移往現今廣島市的位置。

十六世紀中期，毛利氏滅了安藝武田氏。從太田川上游挾帶下來的泥沙持續堆積在河口，三角洲面積愈來愈大，這個時期已經有許多漁民住在此處。

城下設置在三角洲之一

毛利氏取代武田氏成為安藝的主人，毛利元就的孫子毛利輝元臣服於豐臣秀吉。此時正是豐臣秀吉一步步統一天下的時候，城池的角色已不再是戰爭時的要塞，而是人口聚集的城市中心。毛利氏原以現在的安藝高田市山區的吉田郡山城為據點，但這座城池位於吉田盆地，腹地狹窄，不適合興建城下町。相較之下，太田川河口有水利之便，可往內陸運送物資，又可以透過水運進出畿內，好處相當多。

於是毛利輝元在一五八九（天正十七）年，在一個叫五箇村的地方，也就是太田川三角洲最大島的高台上興建新城池。此後，這個地方改稱為「廣島」。城池周邊填河造地，從銀山城所在的佐東地區運來大量木材，作為建設城池之用。

兩年後，廣島城宣告竣工。太田川與其分流形成外護城河，開挖運河西堂（塔）川作為內護城河，分隔武士和町人的居住區。建城時為了搬運資材開挖的運河平田屋川，在廣島城興建完畢後成為城下町的水運通道；直到第二次世界大戰後的一九五六（昭和三十一）年才填平作廢，成為現在的並木通。

連結瀨戶內海和日本海的雲石街道

在一六〇〇（慶長五）年的關原之戰中，毛利輝元擔任西軍總大將（總司令）。西軍戰敗後，毛利氏的領地只剩周防與長門（今山口縣）兩國，豐臣的恩顧大名福島正則成為廣島城新主人。

福島正則一邊擴張城下町，同時將連結京都至下關的西國街道（山陽道）納入城下町的中心。廣島城下町原本是以直通至正門的大通為中心劃分行政區域，此後又以橫軸的西國街道再次劃分街區。

此外，現在的中區堺町一丁目有一處從西國街道往出雲石見街道（雲石路）的分岔口。出雲石見街道始於廣島，縱貫中國地方連結山陽道與山陰道，直通出雲（今島根縣）的松江城下町。除了當前往位於松江前方出雲大社的參道使用之外，部分道路也作為石見大森銀山對外的運輸道路之用。

太田川河口屬於低溼地，自古水患頻傳。一六一七（元和三）年發生大洪水，廣島城的石牆與望樓受損。隔年修建城池時，又因為福島正則未取得幕府同意擅自動工，

江戶中期廣島城周邊

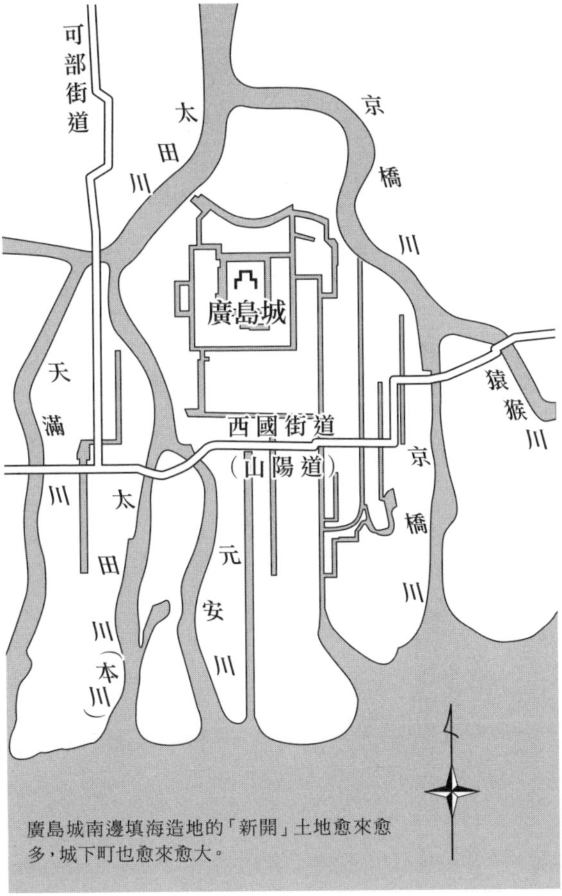
可部街道
太田川
京橋川
廣島城
天滿川
西國街道
（山陽道）
猿猴川
京橋川
太田川（本川）
元安川
廣島城南邊填海造地的「新開」土地愈來愈多，城下町也愈來愈大。

參考廣島城藏《廣島城下町繪圖》製作而成。

遭到幕府沒收安藝與備後領地。一六一九（元和五）年，由原本統治紀伊和歌山藩的淺野長晟就任為新的廣島城主。

填河造地與積極治水

整個江戶時代，廣島城下町透過圍墾擴大面積，圍墾出來的土地大多取名為「〇〇新開」。福島正則擔任城主時，現在的中區國泰寺町南邊是海洋，一六三四（寬永十一）年，透過圍墾在南邊開發了面積達四十五町（約四十五萬平方公尺）的國泰寺新開。不僅如此，城東也圍墾出蟹屋新開、大須新開，緊接著是東新開與西新開等。

隨著新開地擴大，藩內和鄰近地區的居民陸續遷至廣島城下居住。江戶後期，一八二〇（文政三）年，武士與町人加起來的人口約為七萬人，成為繼江戶、大坂、京都、金澤、名古屋之後的大城市。廣島從江戶中期開始種植棉等具有商業價值的作物，貿易興盛，再加上其位置正好位於連結九州和畿內的瀨戶內海航路中間，優越的地理條件使其成為瀨戶內海最大的商業城市。

幕末時期，廣島人潮往來的程度媲美京都的祇園祭。城下的藤屋吳服店（和服店）

規模與大坂的三井、京都的大丸不相上下。

除了圍墾之外，廣島城下町還有一個重要課題，那就是太田川的治水議題。福島正則統治廣島城的時候，在城池周圍建造了幾座堤防。為了讓堤防更堅固，還召集村民踏實堤防，地點就在現在的東區牛田。

即使換了淺野擔任城主，也很重視治水。除了繼續擴充堤防外，也透過土木工程將太田川與其他河流截彎取直。此外，還在太田川流域實施各種措施，包括禁止砍伐容易發生土石流的山林、在河川要道種植樹林等，發生洪水時能有助於緩解水勢。

中國地方的內陸盛行傳統的吹踏鞴製鋼法（日本傳統的製鋼法，也是日本獨有的製鋼法），採用被稱為鐵穴流的方法，以強勁水流擊碎岩石採集砂鐵。為了避免太田川河底淤積泥沙，一六二八（寬永五）年廢止了吹踏鞴製鋼法。

十八世紀前半，町人以人工方式清除堆積在太田川河底的泥沙。

近代以後持續實施治水政策。昭和初期開工興建的太田川排水道，於一九六七（昭和四十二）年竣工。此工程將太田川的支流山手川與福島川統合在一起，即使下大雨導致水位上升也足以應付。

設置臨時大本營與帝國議會

明治維新後，廣島縣廳設置在廣島城。一八七三（明治六）年，明治政府在廣島城設置廣島鎮台，負責統領中國與四國地方的陸軍，於是將縣廳遷至水主町（今中區加古町）。

太田川的河口淤積泥沙，水深變淺，因此廣島沒有真正的外港。不過，前往擔任縣令（縣長）的千田貞曉投入巨額預算與人力圍墾宇品新開，一八八九（明治二十二）年興建宇品港。

五年後爆發中日甲午戰爭，明治政府只花了兩週的時間，就在剛開通的山陽鐵道廣島車站和宇品港之間鋪設宇品線，宇品港成為陸軍的後勤基地。日本在甲午戰爭期間，將大本營設在廣島城，包括明治天皇在內的政府要員全部聚集於此，召開臨時帝國議會，廣島成為實質上的臨時首都。

此後，陸軍第五師團司令部依舊設於廣島，聘僱工人協助運送軍事物資，直到昭和初期，廣島市區的經濟因陸軍駐紮逐漸發展起來。

另一方面，廣島灣上的江田島也設置了軍事學校，江田島對岸的吳市成為重要軍港，此地並有東洋最大的軍用造船廠。

儘管廣島市蓬勃發展，但第二次世界大戰末期，亦即一九四五（昭和二十）年八月六日，美國在廣島投下原子彈，原本的繁華榮景瞬間變成焦土。廣島當時有七萬六千戶人家，高達九成二的房屋遭到半燒、半毀以上的損害，爆炸核心殘留強烈輻射線，光是當年就有大約十四萬人死亡。

由於戰後缺乏資金，在市長濱井信三的奔走下，訂定了廣島和平紀念都市建設法，接受國家補助。建築師丹下健三等人投入振興計畫，在市中心鋪設寬一百公尺的「平和大道」，這條大道也發揮防火帶的功能。

另一個振興象徵是日本職棒球團廣島東洋鯉魚隊。這是由市民集資成立的球團，誕生過程十分特別。從大正時代將總公司設在廣島市的馬自達汽車公司，是廣島東洋鯉魚隊最大的贊助商。順帶一提，終戰後的一年內，廣島的臨時縣廳設在馬自達工廠裡。

廣島市重建後，在爆炸核心興建原爆圓頂屋（舊廣島縣產業獎勵館）保存戰災遺跡，於一九九六（平成六）年登錄為世界文化遺產。

鞆之浦

位於潮流交界的小型港灣城市

從東西兩邊流入瀨戶內海的潮流，在廣島縣東部的鞆之浦匯流。由於這個緣故，鞆之浦很適合順著潮流出航。鞆之浦自古就是連結畿內與九州的海路要衝，不時成為爭奪目標，躍上日本的歷史舞台。戰國末期，室町幕府的最後一任將軍足利義昭也曾逃亡至此。

江戶時代後期以後，航海技術發達，船隻不再需要倚賴潮流前進，鞆之浦逐漸式微。即使如此，今日的鞆之浦依舊保存往日景緻。

瀨戶內海的「待潮港㉝」

近代以前的日本馬車並不發達，貨物運輸著重海路勝過陸路。連結畿內與九州的瀨戶內海位居海運要衝，有許多蓬勃發展的市鎮。廣島縣福山市的鞆之浦就是最具代表性的例子。

鞆之浦位於沼隈半島前端，平地極窄，也沒有大河，地形上不利於興建城市。不過，滿潮時從東邊紀伊水道與西邊豐後水道過來的潮流，會在瀨戶內海匯流；相反的，退潮時潮流也會往東西兩邊退去。由於這個緣故，鞆之浦很適合順著潮流出航，自古就是知名的「待潮港」。

根據《古事記》和《日本書紀》記載，古代神功皇后遠征朝鮮半島時，就是從鞆之浦出海。八世紀完成的《萬葉集》中，收錄了身為大納言的大伴旅人歌詠鞆之浦風景的和歌。

八〇六（大同元）年，傳教大師最澄在鞆之浦設立了第一座寺院靜觀寺。從平安時代到戰國時代，靜觀寺歷經無數戰亂，曾經燒毀好幾次，如今仍矗立在福山市鞆町後地。此外，平安時代也興建了不少寺院，包括由僧侶空也創建的福禪寺。

與室町幕府的成敗息息相關

一三三六（建武三）年，後來成為室町幕府初代將軍的足利尊氏，遭受後醍醐天皇的盟軍新田義貞、楠木正成等人攻擊，逃離京都。轉戰西國後，在鞆之浦收到光嚴上皇下令討伐新田義貞的詔書，成功奪回京都，成立幕府。

之後南北朝爭戰不斷，鞆之浦頻頻成為戰場，南朝（吉野朝廷）在現今的福山市鞆町鞆圓福寺興建大可島城。顧名思義，這裡在當時是一座島。南朝解體後，此處成為村上水軍的據點。到了室町中期，鞆之浦躍身為日本與中國明朝貿易往來的中繼點。

戰國末期，第十五代將軍足利義昭被織田信長逐出京都。一五七六（天正四）年，逃往鞆之浦避難，接受毛利輝元（安藝統治者）的庇護。足利義昭沉潛六年，企圖奪回京都並打敗織田信長。這段期間的足利政權也稱為「鞆幕府」。

⑬潮水退去後即可順著潮流出航的港口。

足利義昭在靜觀寺住了一段時間，鞆幕府的副將軍毛利輝元在比大可島城更接近內陸的地方興建鞆要害，作為幕府據點。不久之後，將軍已無實權，形同虛位。

說個題外話，毛利氏滅了尼子氏後，其忠臣山中幸盛（山中鹿介）也遭到討伐。山中幸盛的首級送到鞆之浦，獻給毛利輝元與足利義昭。如今靜觀寺的門前依然留著他的首塚。

來自朝鮮的賓客也讚嘆不已的極致景色

關原之戰後，豐臣的恩顧大名福島正則取代毛利，統治安藝。福島正則擴大鞆要害，興建鞆城，填埋大可島城一帶的海，形成一塊完整的陸地。鞆城是一座壯觀的城池，擁有三層三階的天守。江戶幕府後來發布了一國一城令，鞆城就此被廢。如今鞆城只剩石牆、石壘等遺跡，原本的城池變成鞆之浦歷史民俗資料館。

儘管鞆城是一座短命的城池，但麻雀雖小，五臟俱全，在江戶初期設置了完整的城下町，建成原町、石井町、關町、道越町、江浦町、鍛冶町、西町等七座市鎮的原型。此外，從東西兩邊流入的海流於此地匯流，發展出獨特的縛網捕魚法「鯛網」。

鞆之浦地處海運要衝，往來人潮絡繹不絕，此處也有遊郭。福島正則遭到撤職後，水野勝成當上福山藩主，據傳他巡視鞆之浦時也曾到遊郭享樂。此外，水野勝成將豐臣秀吉設置在伏見城的能舞台移至鞆之浦。這座能舞台如今仍留存於沼名前神社。

朝鮮國王派至江戶的朝鮮通信使團也曾在鞆之浦停留休憩。元祿年間一六九〇年，位於鞆町鞆的福禪寺興建了連接本堂的客殿，供通信使住宿。一七一一（正德元）年訪日的通信使從事官（相當於警官）李邦彥，從客殿望向瀨戶內海的弁天島與仙醉島，讚嘆此美景為「日東第一形勝」。一七四八（寬延元）年訪日的正使洪啟禧，將此客殿取名為「對潮樓」。

幕末一八六三（文久三）年，三條實美等尊皇攘夷派的七名公卿從京都逃往長州一段時間，史稱「七卿落難」。隔年，三條等人計畫返回京都，於是住在鞆之浦訂定計畫方針。此時三條等人住宿在中村家的宅邸，中村家就是鞆之浦名產、以中藥釀造的「保命酒」的製造商。幕府迎接從美國造訪日本的培理司令一行人時，宴席上也以保命酒招待。

一八六七（慶應三）年，坂本龍馬創立的海援隊運航的蒸汽船「伊呂波丸」，在鞆之浦海域與紀州藩德明光丸相撞沉沒。坂本等人留在鞆之浦交涉賠償事宜，這是日

瀨戶內海的海流（上）與江戶後期的鞆之浦市區（下）

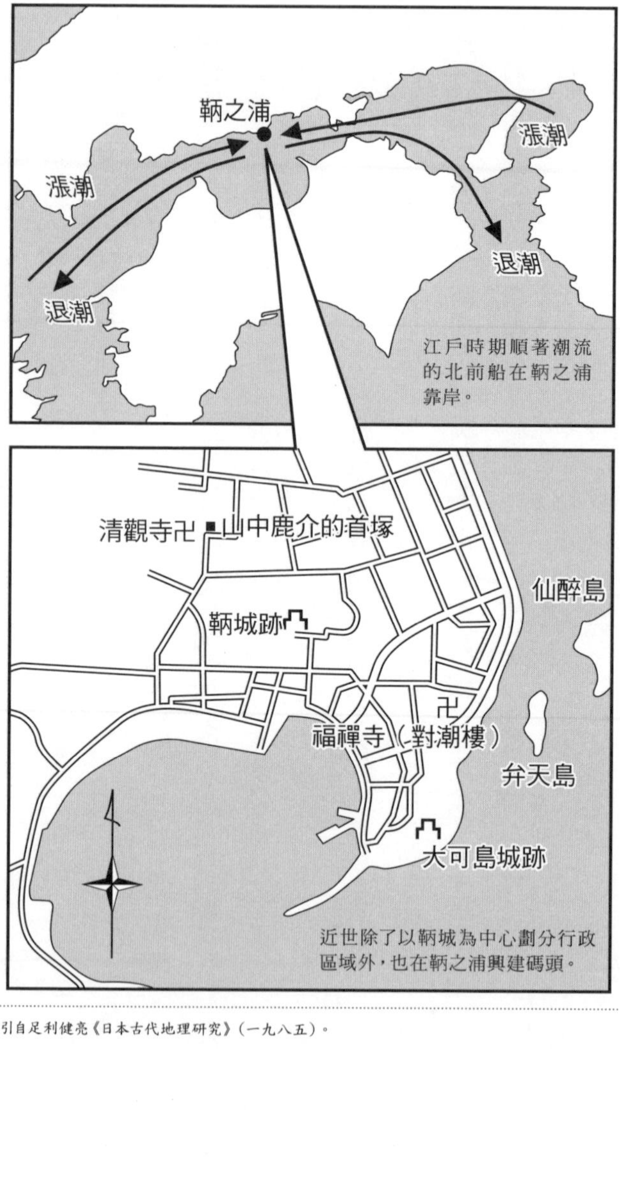
鞆之浦
漲潮
退潮
漲潮
退潮
江戶時期順著潮流的北前船在鞆之浦靠岸。
清觀寺卍
山中鹿介的首塚
仙醉島
鞆城跡
卍
福禪寺（對潮樓）
弁天島
大可島城跡
近世除了以鞆城為中心劃分行政區域外，也在鞆之浦興建碼頭。

引自足利健亮《日本古代地理研究》（一九八五）。

本首起根據國際法審判的船難事故。一百多年後，日本政府打撈起伊呂波丸和部分的貨物，收藏在鞆町的伊呂波丸展示館。

鞆之浦為《崖上的波妞》場景的靈感來源

從瀨戶內海順著潮流沿海岸航行稱為「沿海航行」；航行於外海，停靠島嶼稱為「外海航行」。江戶後期，受到外海航行普及的影響，尾道港逐漸取代規模較小的鞆之浦。明治以後，鐵道等陸上交通網漸漸發達，鞆之浦的重要性愈來愈低。

不過，話說回來，鞆之浦發展過程中所留下的豐富老街景緻，例如七卿落難時住過的太田家（舊中村家）等町屋和小巷，從江戶時代至今，幾乎沒有明顯變化。而且，近代以前鞆之浦使用的常夜燈、雁木（碼頭的梯磴）、碼頭、進行船舶保養的焚場、船崗哨等設施也完整留存至今。

一九八三（昭和五十八）年，廣島縣為了解決交通混亂問題，在鞆城填埋新生地，建設橫渡灣內的大橋。但這些工程恐破壞城市景觀，引起許多居民反對，甚至提起行政訴訟。廣島地方法院認為居民訴求的鞆之浦景觀屬於「具有公益性的國民財產」，廣島縣政府接受此決議，二〇一六（平成二十八）年二月發表停止工程，維持歷史悠久的鞆之浦美景。

日本知名動畫導演宮崎駿十分喜愛鞆之浦，二〇〇五（平成十七）年在鞆之浦暫住兩個月，構思電影《崖上的波妞》。《崖上的波妞》以內海小港町為舞台，充分反映出他對鞆之浦的印象。

山口

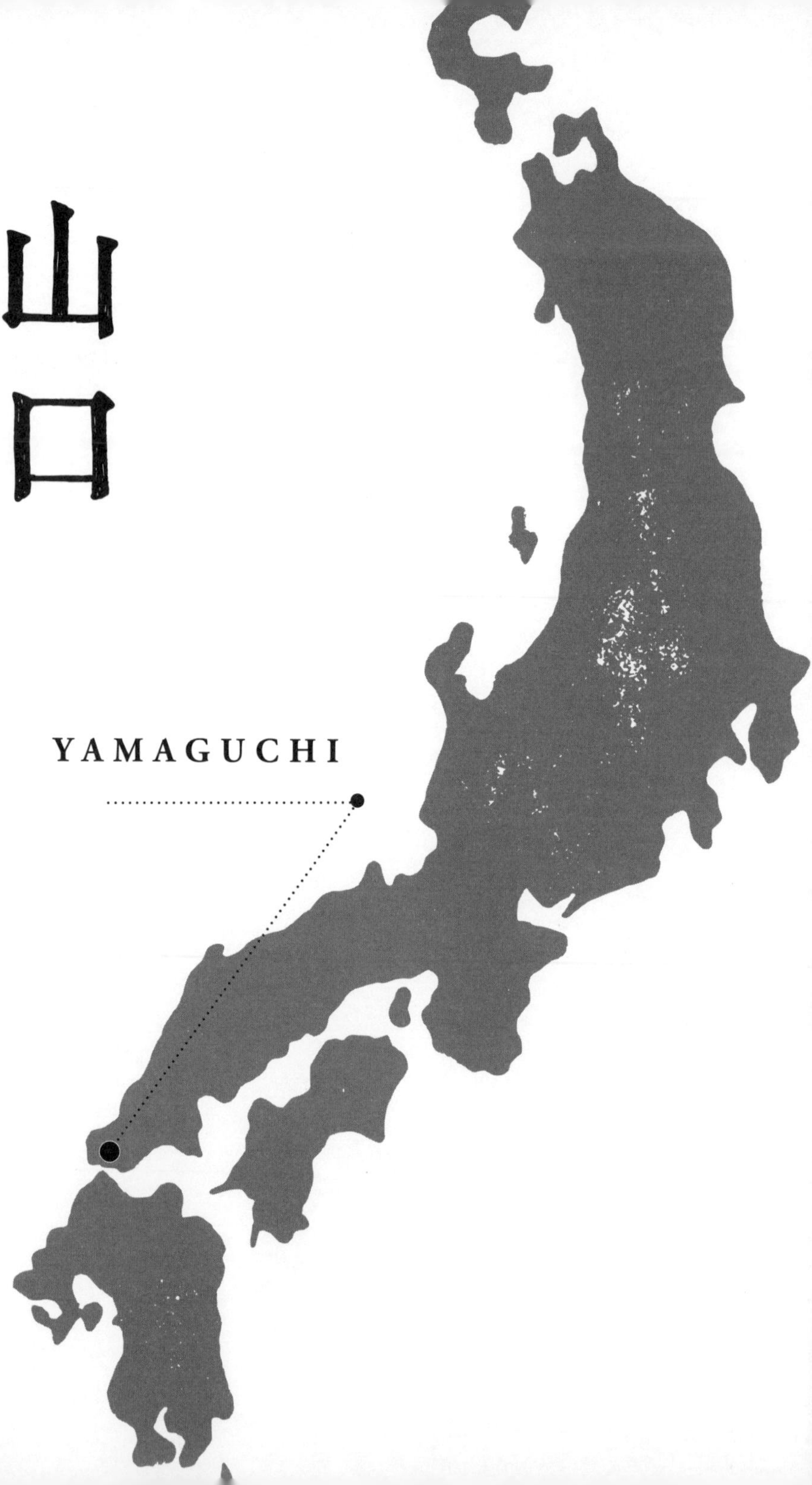

有「西之京」美名的大內家都城

今日的山口雖稱不上是大城市，但過去有一段時間曾是媲美京都的先進都市。大內家帶起了山口的繁榮，模仿京都的城下町孕育出「大內文化」。

大內家積極與東亞各國進行商業貿易，累積龐大資產也獲得無上權力，但後來遭到重臣謀反，走向滅亡之路。取而代之的毛利家擁有周防與長門兩國的統治權，幕末時期將政廳從萩遷至山口，在此處開了倒幕的第一槍。

嚮往京文化的大內氏中興始祖

現在的山口市是縣廳所在地，人口約十九萬七千人（引自二〇一六年十二月的資料），是僅次於下關市的縣內第二大城市。但以市的規模來說，山口市並不大。由於山口市夾在北九州市與廣島市這兩大城市之間，因此無法發展出大型市鎮。不過，中世紀時在守護大名大內氏的治理下，山口是媲美京都的先進城市。

大內氏據傳是歸化日本的百濟王族琳聖太子（聖明王的第三皇子）的後代。飛鳥時代，琳聖太子駛船進入多多良濱，廄戶皇子（聖德太子）賜與他多多良姓與大內縣（山口市大內地區）的領地，其子孫從平安時代改姓大內。

有「大內氏中興始祖」美譽的第二十四代當主大內弘世建立了山口繁榮的基礎。大內弘世前往京都謁見室町幕府第二代將軍足利義詮期間，醉心於京文化，開始在自己的領地模仿京都建造城鎮。

日本都城自古融入中國易學與風水思想，京都是「四神相應」之地，東有鴨川、西有山陰道、南有巨椋池、北有船岡山。另一方面，山口是丘陵圍起的盆地，內有一之坂川和椹野川流經，地勢與京都類似。

大內氏統治下的山口

以大殿大路等貫穿東西的大道為軸，再以小路規劃出棋盤狀市區。
七尾山
築山御殿
堅小路
大內館
一之坂川
大殿大路
椹
野
川

參考山口縣文書館藏《大內氏時代山口古圖》製作而成。

大內弘世在這兩條河川的沖積扇興建居城，在居城南方規劃棋盤狀市鎮。今日山口還保留著「大殿大路」、「堅小路」等充滿京都風情的地名。

不過，由於居城一帶屬於丘陵尾端突出的狹隘盆地，市區規劃無法像平安京那麼工整。大內館附近的道路間距狹窄，離居城愈遠、道路間隔愈寬。

於江戶時代繪製的《山口古地圖》使山口的市區景觀成為眾人注目焦點。根據古地圖記載，大內弘世在一三六〇（正平十五／延文五）年將據點從大內移至山口。但在後來的挖掘調查中，卻未發現南北朝時代的遺構，因此此圖真偽如今仍無法確認。

唯一可以確定的是，當時的大內館建造得無比絢爛、華麗。挖掘調查發現，巔峰時期的大內館基地約為一百六十平方公尺，形狀為工整的四方形。基地內有庭園池塘，大內館北邊還有迎賓館築山御殿。

此外，大內弘世也致力於興建寺社。位於上竪小路的八坂神社是從京都的祇園社勸請（神靈分祀）而來，每年七月舉辦的山口祇園祭，是山口縣最具代表性的祭典，吸引無數觀光客前來朝聖。

許多公家與文化人造訪山口

歷代的大內家當主經常邀請京都公家與文化人造訪山口，舉辦歌會等活動。尤其是室町時代中期，許多文化人為了躲避應仁之亂的戰火，來到山口避難。水墨畫巨匠雪舟、連歌師宗祇就是最知名的例子，相傳雪舟更在常榮寺（山口市宮野下）北側興建庭園。由於這個緣故，山口孕育出媲美京都北山・東山文化的「大內文化」。

順帶一提，今日的一之坂川是日本國家天然紀念物源氏螢的群生地，相傳這是大內弘世將在京都宇治川捕獲的螢火蟲，帶至此地野放的結果。此外，大內弘世也從京都帶年幼的小孩回到山口居住，想將山口話改成京都腔。

興建壯闊的城市需要龐大財源，當時大內家的經濟來源是與中國明朝和朝鮮進行國際貿易。南北朝時代日本與明朝沒有邦交，大內家以緝捕倭寇（海盜）的方式加深與朝鮮王朝之間的關係，從赤間關（下關市）港口私下派出貿易船前往朝鮮半島。由於大內家是百濟王族的後代，這層身分也有利於和朝鮮王朝交流。

耽溺大眾娛樂導致滅亡

隨著日本與明朝建立邦交，幕府同意大內家派出遣明船。第三十代當主大內義興幾乎獨占與明朝之間的商業貿易。累積龐大財富、強化軍事力量的大內義興，於一五〇八（永正五）年前往京都，擁立在幕府政爭中落敗的第十代將軍足利義尹（義稙），成功讓他重返將軍寶座。大內義興擁戴有功，就任管領代，成為實質上的統治者。

不料好景不常，權傾一時的大內義興很快就走下坡。曾為京極家守護代，後來擔任出雲（今島根縣東部）守護代的尼子經久擴張勢力，大內義興回到領地後與尼子家開戰。經歷十年戰火，大內義興最後病死，家督⑭由嫡子大內義隆繼承。

一開始大內義隆確實想跟尼子家作戰，親率大軍攻打出雲的第一次月山富田城之戰大敗後，逐漸對政治冷感，專心投入演藝等大眾娛樂。後來大內家發生重臣陶晴賢政變事件，大內義隆被迫自殺。

隨後陶晴賢擁戴豐後（今大分縣）大名大友義鎮（宗麟）之弟，也就是大內義隆的外甥大內義長擔任大內家當主，掌握家族實權。不料，陶晴賢在一五五五（天文二十四）年的嚴島之戰敗給安藝（今廣島縣西部）的毛利元就，大內家領地一一被毛利家奪走。大內義長沒有退路，在大寧寺（長門市）自殺，名門大內家就此滅亡。

毛利元就的嫡子毛利隆元在大內館原址興建隆福寺，作為大內義隆的菩提寺。此外，大內義隆也曾邀請耶穌會傳教士聖方濟・沙勿略（San Francisco Javier）到山口傳教。位於山口市龜山町的山口沙勿略紀念聖堂就是為了紀念沙勿略造訪山口四百周年，於一九二五（昭和二十七）年興建的。

對德川家的恨意是倒幕的原動力

歷經織田信長的年代，進入豐臣秀吉治世。繼大內家之後，尼子家也遭到滅族，中國地方的霸主毛利家身為五大老一員，輔佐豐臣秀吉治理天下。

一六〇〇（慶長五）年爆發關原之戰，在石田三成的請求下，毛利輝元（隆元的嫡子）擔任西軍總大將。另一方面，毛利家重臣吉川廣家為了毛利家的存續持續奔走，私下聯絡東軍總大將德川家康。由於毛利家消極面對戰役，使得西軍慘敗。

戰後德川家沒收毛利家的領地，從原本以中國地方為主的八國縮減為防長二國。毛利輝元被迫離開原本的根據地廣島城，在原野廣闊的萩（萩市）建造新城池。最常聽見的說法是德川家康將他貶至偏遠地區，但事實並非如此。當時是毛利主動提出在山口的高嶺、防府的桑山或萩的指月山其中一處築城。換句話說，將根據地遷至萩是毛利家的意思。

在萩築城的同時，也興建城下町與整備交通網絡。從萩途經山口，連結瀨戶內海沿岸三田尻（防府市）的萩往還，這也是參勤交代必經的主要街道。如今已指定為國

⑭ 東亞在傳統父權制度下，家庭各項事項的支配者。

家史跡，當時的石板路隨處可見。

毛利家開始在萩重新出發，但無法再像過去一樣擁有許多家臣，大多數的藩士被迫回鄉務農。他們對德川家的恨意是兩百六十年後引發動亂的遠因。

如今依舊可以聽見志士們的氣息

防長（周防與長門兩國）除了長州藩之外，還有支藩長府藩、德山藩與岩國藩。由於當時的長州藩基於尊皇攘夷思想，砲打美國與法國船隻，日本沿海的萩很可能遭受美法的報復攻擊，加上位於防長兩國中央的山口較容易指揮包含支藩在內的領地，因此幕末的長州藩主毛利敬親於一八六四（元治元）年將據點從萩遷至山口。

山口城是一座沒有天守的簡單城池，四周有護城河包圍，還有砲台。以此城為中心，長州藩在與幕府軍爆發的四境戰爭（第二次長州征討）中獲勝。後來，長州藩與薩摩藩共同成為倒幕的主要勢力。

由於山口在藩廳遷移之前已經荒廢，只能在大內館跡周邊緬懷昔日「西之京」的榮景。另一方面，刻劃幕末動亂歷史的舊跡仍在各處矗立著。

例如香山公園（山口市香山町）的枕流亭是薩長同盟締結後，西鄉吉之助（隆盛）、大久保一藏（利通）、桂小五郎（木戶孝允）等人密謀倒幕的地方。架設在一之坂川上的一橋（山口市後河原），還保留著戊辰戰爭時官軍高舉的「錦之御旗」製造所遺跡。

前述的萩往還也是高杉晉作等志士奔走的街道，如今仍可在山口市內各地感受到他們的氣息。

松山

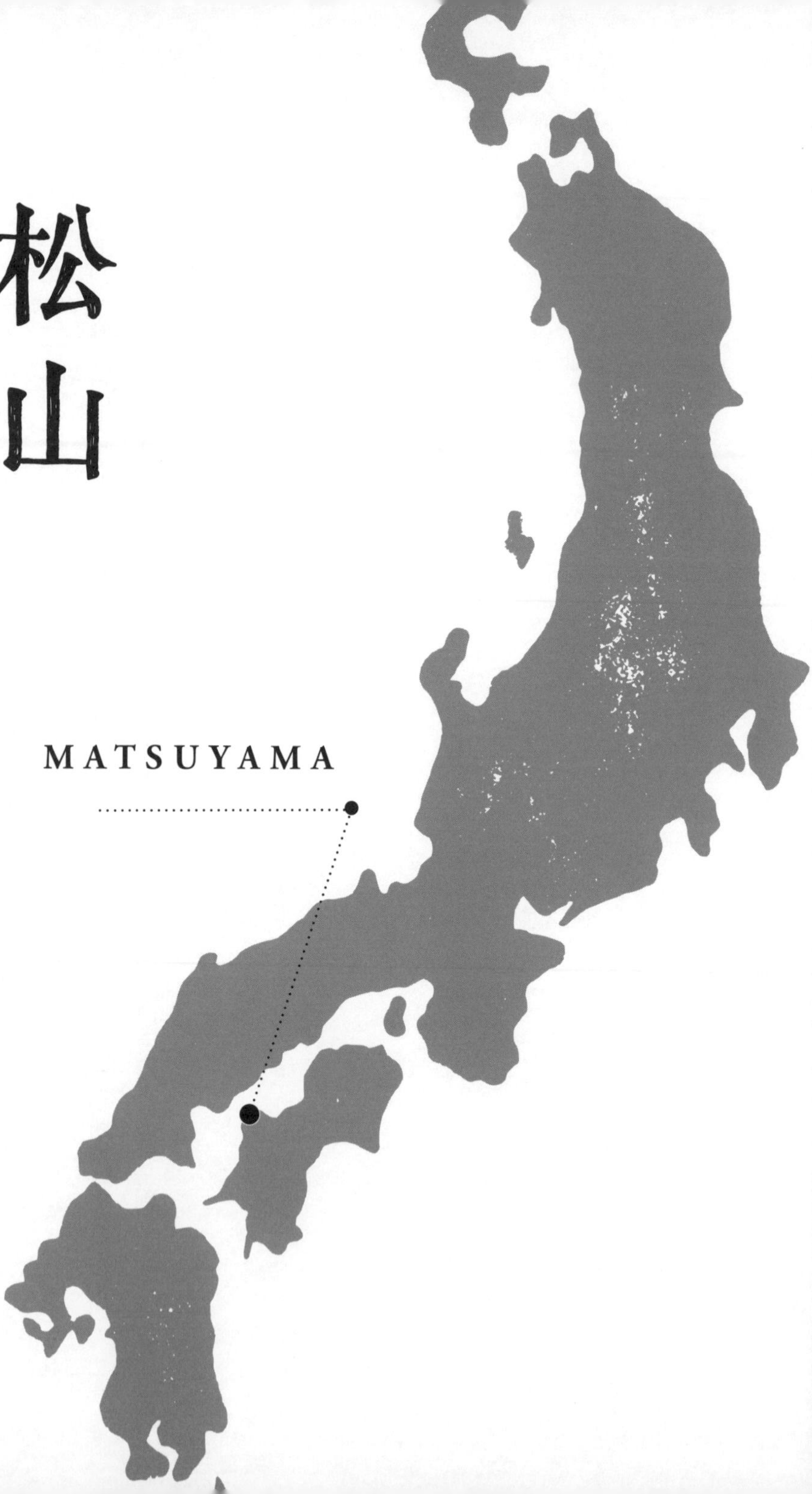

深受文人墨客熱愛的四國溫泉街

瀨戶內海是連結西國和近畿地方的海上交通要道，位於四國西部的北伊予是其中繼地。北伊予中，擁有道後溫泉的松山自古就是許多旅客造訪的勝地。

中世紀統治伊予周邊海域的河野氏在戰國末期滅亡，江戶時代加藤嘉明興建了新的松山城下町。此後，松山成為繁榮的文化城市，明治時期，俳人正岡子規等文人輩出，子規的好友夏目漱石也曾在松山擔任中學老師。

從中世紀即為文藝鼎盛的城市

說起四國最大的城市松山，明治時代就有俳人正岡子規、高濱虛子等人才輩出，子規的好友夏目漱石也在這裡待過一段時間，這段經歷也成為其小說《少爺》的創作背景，一時之間聲名大噪。此外，同時期在松山誕生的人物，還包括日俄戰爭中屢創戰功的陸軍將官秋山好古、海軍參謀秋山真之兄弟檔。

以松山為中心的伊予（今愛媛縣）北部，自中世紀起即為文藝興盛、孕育優秀人才的寶地。松山市旁的今治市有一座大山祇神社，裡面收藏著兩百八十卷連歌。這些連歌都是室町時代到江戶時代，伊予國周邊的武士、僧侶和庶民吟唱的作品。

直到近世為止，瀨戶內海一直都是連結畿內與九州，甚至是往來朝鮮半島和中國大陸的重要海路通道。松山一帶是這段通道的中繼點，不僅人潮絡繹不絕，也是各種書籍、商品流通的地區。此外，瀨戶內海的氣候一年四季都很溫暖，或許這也是人們可以靜下心來從事文化創作的原因之一。

古代名人喜愛的溫泉

律令時代的伊予國在現今松山市旁的越智郡（今治市），松山一帶稱為「道後」。這與國府地區離都城較近的區域稱為「道前」，離都城較遠的地方稱為「道後」的史料觀點息息相關。

總而言之，道後並非伊予的中心，卻有日本最古老的溫泉「道後溫泉」，舒明天皇、齊明天皇、中大兄皇子（後來的天智天皇）、大海人皇子（後來的天武天皇）等人都曾造訪此處。伊予湯（道後溫泉）之名也出現在《萬葉集》、《源氏物語》中。此外，一般認為六六三年的白江口之戰（白村江海戰），日本派兵前往朝鮮半島的百濟時，成為中繼點的熱田津就在松山沿岸。

平安時代瀨戶內海的海運相當發達，道後成為重要中繼點之一。在源平合戰支援源氏水軍的河野氏，是中世紀伊予的一大勢力。十四世紀，河野氏在與道後溫泉相鄰的今松山市北條地區建設湯築城。

與海運息息相關的河野氏活動範圍相當廣，考古學家從湯築城的遺址挖出在朝鮮半島、中國大陸，甚至是東南亞製造的陶器。

河野氏具有豐富的文化素養，先前提及的大山祇神社收藏的大量連歌，有許多出自河野氏門下武士，或與他們交流密切的人創作的作品。鎌倉時代創始時宗的一遍上人也出身自河野氏。

戰國時代的道後街道相當完備，方便泡湯治病的旅客到此一遊。有人認為留存於湯築城南方到西南方一帶的「上市」、「南町」等地名，或許是當時城下町的名稱。

戰國時代末期，羽柴（後來的豐臣）秀吉攻打四國，河野氏死守湯築城，不幸仍於一五八五（天正十三）年滅亡。

以治水有功者取名的重信川

豐臣政權末期，武將加藤嘉明成為伊予的統治者，以道後南方的松前為根據地。加藤嘉明在後來的關原之戰加入東軍，俸祿從十萬石增加到二十萬石，決定在道後的勝山興建更大的城堡與城下町。加藤嘉明就是在這個時候將松樹茂盛的勝山改名為「松山」。

打開四國的空拍照，會發現西部的松山平原（道後平原）與東部的德島平原呈一直線。這條線與東西橫貫西日本一帶的大斷層「中央構造線」交疊。松山平原是愛媛縣最大的平原，河川帶來的泥沙沿著中央構造線，沖積出一片扇狀平原。

江戶前期的松山城下町

從松山城往外看，商業區大致分成西北方的「古町」與東南方的「外側」。

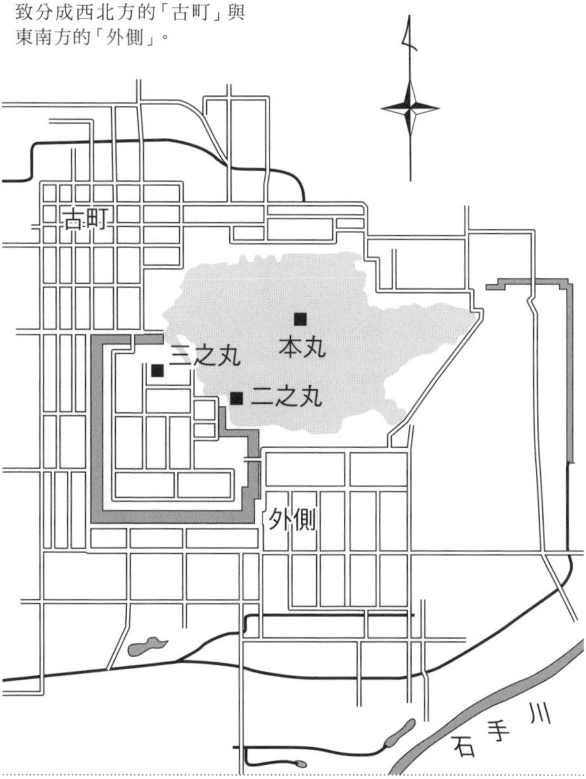

參考「愛媛縣生涯學習中心」官網圖片（根據元祿年間松山城下古地圖等繪製）製作而成。

流經松山平原的湯山川每逢大雨就會改變流域，是一條極不穩定的河川，其流經的地區土質也很鬆軟，經常發生土石崩塌的情形。

由於這個緣故，加藤嘉明在興建松山城與城下町前，完成了河川改道工程。將湯山川改道至石手寺附近，改名為石手川，最後與伊予川匯流。主導這一連串土木工程的是足立重信，後來伊予川也改名為重信川。這項大規模治水事業，確保了松下城三千公頃的水田有足夠的灌溉用水。

一六〇三（慶長八）年伊予松山藩成立，二十四年後，松山城已達完工階段，就在竣工前加藤嘉明轉封至會津（福島縣會津若松市）。後繼的蒲生忠信猝逝，德川家康的外甥松平定行前往接任藩主。德川家之所以把自己人送進松山藩，是因為此處占有箝制四國的地利之便。

松山城竣工後，城山南部興建許多武家宅邸，並將離港口較近的城山西部，打造成商人與工匠群居的町人街。這樣的配置方式可在敵人從海上進攻時，先在城池前方的町人街形成防禦戰線。

初期建設的三十個町稱為「古町」，大多數町名來自居民的職業，例如加治屋町、疊屋町、吳服町、米屋町等。松前町住著許多跟著加藤嘉明從前任封地松前搬遷過來

的工匠。與「古町」相鄰的十町稱為「新町」。位於東南部的「外側」也自然形成町屋，商業地區逐漸擴大

一六九四（元祿七）年松山城下町的居民人口約一萬六千人，古町有五千五百五十三間房屋、外側則有兩千九百七十三間房屋，外側的發展十分迅速。到了江戶後期，松山周邊的在鄉町經濟逐漸成長，居民才開始分散。

整個江戶時代，道後溫泉的湯治⑦⁵與四國遍路日益盛行，許多人從各地造訪松山。十八世紀末，不只小林一茶前往松山與當地俳人交流，儒學大師賴春水（賴山陽之父）也到松山遊歷，留下雋永的詩文。

夏目漱石也坐過的日本第一條民間鐵道

[75] 長期停留在溫泉地，對特定疾病進行溫泉療養的行為，即泡湯治病。

明治維新後，松山依舊保有歡迎新文化湧入的民情。一八八八（明治二十一）年，民間公司伊予鐵道在松山與三津之間鋪設日本首條輕便鐵道⑯，軌道寬度七百六十二公釐，雖然規模不大，但由於當時東海道線尚未開通，民間鐵道全國只有兩家。由於知名日本文豪夏目漱石也坐過這條輕便鐵道，因此鐵道上的列車又稱為「少爺列車」。不過卻在戰後停駛，過了大約半世紀後，又在二〇〇一（平成十三）年復駛。包括少爺列車在內的伊予鐵道城北線，沿著舊市區邊界鋪設。

第二次世界大戰末期，松山市遭到空襲，保留城下町風情的古老町屋幾乎全被燒毀。戰後日本政府推動戰災復興土地區劃整理事業，以戰前的道路結構為基礎，重新規劃道路，拓寬原有東西橫貫松山城北部與南部的平和通與千舟町通。由於這個緣故，以松山城為主的市中心，如今仍維持江戶時代建構的棋盤狀都市區劃。

⑯又稱輕便鐵路、小火車或小鐵路。比起一般標準鐵路或稱「重鐵」而言，這是以較低成本和較低規格建造的鐵路。

福岡

商人城市與武士城市共存的城下町

位於九州西北部的福岡市是所有日本大都市中，最接近朝鮮半島與中國大陸的大城。受惠於地利之便，福岡自古就是對外貿易窗口。諸如奈良時代到平安時代的遣唐使派遣、鎌倉時代的元日戰爭、戰國時代與葡萄牙商人的貿易往來等，福岡在日本歷史的關鍵時刻，展現出對外關係的重要性。

福岡這個地名始於江戶時代治理此地的黑田長政，在博多西邊興建福岡城。不過，許多市民至今仍稱其為「博多」。背後究竟有什麼樣的原因？

一世紀起展開與大陸王朝之間的交流

日本主要城市之中，福岡最大的特色就是離朝鮮半島和大陸很近。從福岡到東京的直線距離約九百公里，從福岡到大阪的距離約為五百公里，但福岡到韓國釜山的距離只有兩百公里左右。

朝鮮半島和中國大陸對古代日本來說屬於先進國家，面向玄界灘的福岡最早融入各種文化。

九州北部建立了幾個小國，根據專家推測，其中之一的奴國就在現今的福岡市周邊。一七八四（天明四）年，博多灣上的志賀島挖出了刻有「漢委奴國王」字樣的金印。這是中國後漢王朝的光武帝，在西元五十七年贈給奴國國王的金製王印。

西元一世紀的福岡不只與朝鮮半島南部從事私下的貿易行為，還有中央集權的政權存在，與統治中國中原領土的皇帝維持互派使節的關係。

此外，福岡與鄰近的糸島市一帶屬於伊都國。西元三世紀中國編纂的《魏書・東夷傳》（魏志倭人傳）中，介紹了邪馬台國，伊都國就是隸屬於邪馬台國的小國之一。

遣唐使也住過的鴻臚館

福岡港口古稱「那津」，名稱可能來自奴國的「Na」音，取漢字為那。文獻中出現「博多」這個地名，最早可追溯至八世紀編纂的《續日本紀》。博多地名的起源眾說紛紜，有人說此地地形很像大鳥展翅，因此稱為「羽形」，也有人說這裡是船隻停泊的「泊潟」，從這兩個名字轉訛成為博多；還有另一個說法是這裡地「博」、人物皆「多」，所以稱為博多。

以畿內為中心統治西日本的大和王權，在六世紀討伐筑紫國（九州北部）的有力豪族磐井（磐井之亂）後，設置了統治九州的政府機關那津官家，興建筑紫館作為與大陸、朝鮮半島交流的外交機構。那津官家所在地眾說紛紜，有人認為在現今的南區三宅一帶。

六六三年的白江口之戰中，日本與白濟聯軍敗給唐朝與新羅聯軍，大和朝廷擔心唐朝與新羅攻入九州北部，於是配置兵力防禦，加強戒備，將那津官家的行政中樞移至太宰府。如今該地地名仍沿用「太宰府」，但政廳取名為「大宰府」。

進入平安時代後，在大宰府政廳管轄下，進一步擴大筑紫館，興建了鴻臚館。來自唐朝、新羅的賓客、商人與加入遣唐使團的要員、留學僧，都曾入住此處。鴻臚館的位置就在現今中央區的舞鶴公園。這裡在近世曾興建過福岡城，戰後有半世紀曾是平和台球場。建設鴻臚館的時候，海岸線已經往前延伸很長的距離。

兩次對外戰爭

日本在九世紀末停止派遣遣唐使，但民間商人持續與大陸和朝鮮半島通商，僧侶也持續前往留學。由於這個緣故，博多的港口（博多津）從未停止發展的腳步，但也難逃戰火的摧殘。

九四一（天慶四）年，前伊予掾（低階國司）藤原純友起兵叛變，在瀨戶內海四處掠奪。不僅攻入博多，也攻進內陸，襲擊大宰府政廳。

一〇一九（寬仁三）年，滿州出身的海盜「刀伊」攻擊壹岐、對馬與博多沿岸。史稱「刀伊入寇」，數百居民遭到刀伊俘虜，強迫為奴。藤原道長的外甥、擔任大宰權帥的藤原隆家盡全力清剿，更在高麗水軍的幫助下救回被俘虜的百姓。

進入平安後期，宋朝取代唐朝成為中國霸主，宋朝與博多的民間貿易日趨繁榮，許多宋朝商人移居此處。現在的東區箱崎就有宋人百堂、唐人街等中國城。

十二世紀後半，平清盛就任大宰府次官「大宰大貳」，推動與宋朝之間的貿易。此時博多已興建完成人工港「袖湊」，但史料上沒記載確切時間。一般認為袖湊突出於現在的博多灣，正確位置應該在今博多區吳服町十字路口附近。隨著挖掘調查愈來愈深入，學者認為位於上川端町冷泉公園附近的可能性最高。

直到中世紀為止，修習佛教等外來宗教的僧侶一直是引進外國文化的媒介。鎌倉幕府成立後，前往宋朝學禪的榮西於一一九五（建久六）年在博多創建聖福寺。聖福寺成為宋朝禪僧與貿易商人交流的場所。

一二四二（仁治三）年，同樣學禪的圓爾（聖一國師）接受宋朝商人謝國明與掌握大宰府實權的武藤資賴資助，創建承天寺。圓爾將在宋朝學會製作麵條的方法傳入日本，因此承天寺又稱為「烏龍麵、蕎麥麵發祥地」。此外，福岡名產博多織是滿田彌三右衛門創始的，他當年跟著圓爾入宋，學習織物技術。

鎌倉末期爆發元日戰爭，博多遭受自刀伊入寇以來最嚴重的戰火摧殘。一二七四（文永十一）年的文永之役後，幕府於現在的西區生之松原海岸，建造長二點五公里的堡壘。

緊接著一二八一（弘安四）年的弘安之役，預估人數多達四萬的元軍先遣部隊占領志賀島，幕府武士從海之中道[77]（沙洲）攻入，擊退元軍。

秀吉催生的「大博通」

室町時代之後，博多填海造地，擴大土地面積，建造出兩個新市鎮，分別是突出海灣的息濱，與位於其根部的博多濱。李氏朝鮮的外交官員在《海東諸國紀》中記錄下日本與琉球的貿易據點，從中可以看出十五世紀後期的息濱有六千戶、博多濱有四千戶民宅。

戰國時期統治現在的山手縣到福岡縣一帶的大內氏，也將博多納入自己的勢力範圍。

大內氏改變流經博多南部比惠川（今御笠川）的河道，開挖新的石堂川，積極推動土木工程，將博多變成一個由海與護城河（川）包圍的城塞都市。這個時期的博多是與堺齊名的商業都市，町中央還有以瓦片鋪設的道路。

十六世紀後半，大內氏因家臣叛變導致榮景不再。豐後大名大友義鎮（宗麟）取

⑦位於日本福岡縣福岡市東區北部的連島沙洲，連結志賀島與九州本島。

大宰府與鴻臚館周邊官道

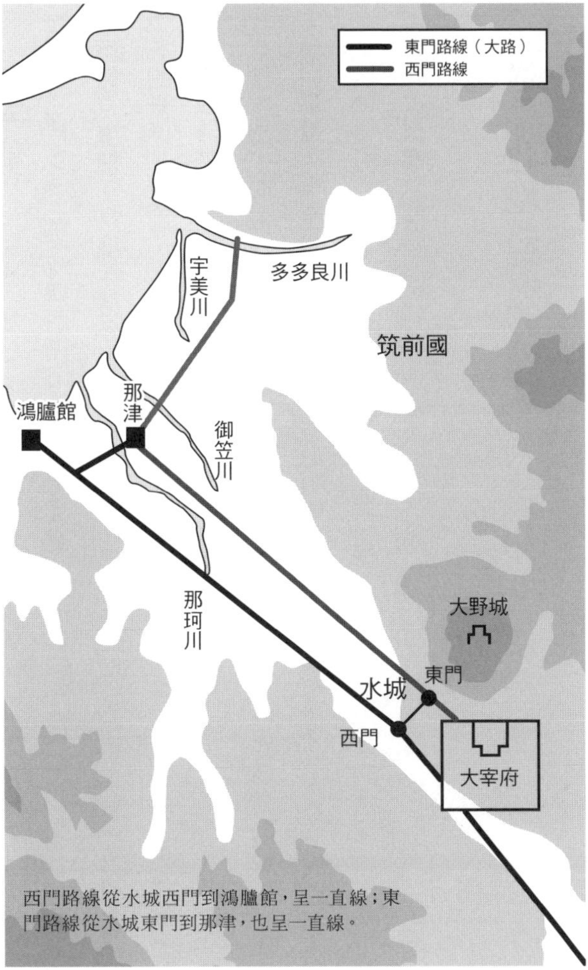
東門路線（大路）
西門路線
宇美川
多多良川
筑前國
鴻臚館
那津
御笠川
那珂川
大野城
東門
水城
西門
大宰府
西門路線從水城西門到鴻臚館，呈一直線；東門路線從水城東門到那津，也呈一直線。

參考鴻臚館跡展示館《古代官道推定圖》製作而成。

而代之，統治九州北部。受到大友氏庇護的葡萄牙商人在息濱興建教會，博多津成為東南亞與歐洲商品的輸入港。

然而，一五八六（天正十四）年，以薩摩（今鹿兒島縣）為據點的島津氏入侵九州北部。博多市鎮成為戰火交鋒之處，遭受毀滅性的災害。隔年，平定九州的豐臣秀吉致力於重建博多。這段時期由黑田孝高（官兵衛）處理實際政務。

豐臣秀吉填埋了息濱與博多濱之間的溼地，重整以聖福寺、承天寺、筥崎宮等寺社為中心的市區，實施「太閤町割」的棋盤狀都市計畫。博多區現存的「大博通」就是太閤町割的基準點。

豐臣秀吉賦予町人特權，免除地子租稅，鼓勵樂市樂座，促進商業發展。一連串措施成功切割博多市鎮與聖福寺等寺社勢力的連結，重新規劃成以商人為主的市鎮。

如能將博多設為統治九州全域的據點，即可作為進攻朝鮮半島的基地，這就是豐臣秀吉如此重視博多的原因。

從長政地盤取的地名

一六〇〇（慶長五）年的關原之戰後，指揮太閤町割的黑田官兵衛長子黑田長政，接手統治包含博多在內的筑前國。黑田長政一開始入主位於今東區名島的名島城，但因為腹地狹小，不適合建造城下町，因此改在博多西側的福崎建設新居城。

七年過去後，福岡城竣工。黑田長政前往筑前就任前待在豐前中津（今大分縣中津市），但黑田家原本的地盤是備前的福岡（今岡山縣瀨戶內市），基於此緣故，將「福崎」改為「福岡」。這就是一直沿用至今的「福岡」地名的起源。

從大海望向福岡城，形狀近似鶴展翅的模樣，因此福岡城又名「舞鶴城」。福岡城遺址現為舞鶴公園。位於舞鶴公園南邊的中央區赤坂一帶，在興建福岡城時是一塊地勢略高的丘陵地。由於其中有一座小山可以眺望福岡城本丸，基於防禦考量剷平了那一帶。

福岡城下町整備完成後，那珂川東邊自古存在的商業街稱為「博多」、那珂川西邊的武士町稱為「福岡」，此處成為由這兩大區域組成的城市，各自設置町奉行。江戶時代的博多介於那珂川和石堂川（御笠川）之間，如今博多區的領域也到那珂川為止，那珂川以西為中央區和南區。

江戶時代的博多街區以「流」為單位，共有吳福町流、東町流、西町流等七流，

現在的福岡市區（上）與江戶前期的福岡與博多（下）

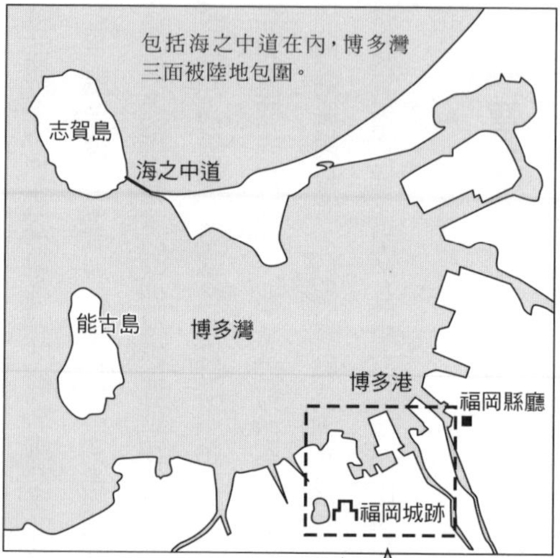

參考東京大學出版會《圖集　日本都市史》第一四七頁「正保三年 福岡．博多」圖片製作而成。

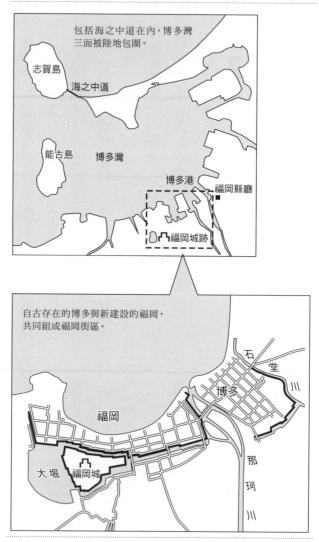

幕末增至十流。

「博多咚打鼓海港節」與「博多祇園山笠祭」是代表博多的兩大祭典，由各流團體分別營運。博多咚打鼓海港節原名「松囃子」，祭祀福神、惠比須、大黑三大神祇，當天會舉行盛大的變裝遊行。然而祭典也出現許多喝醉鬧事者，明治時期曾短暫禁辦。後來才改名為博多咚打鼓海港節重新舉行。祇園山笠祭是位於今博多區上川端町櫛田神社的祭典，以裝飾人偶的巨型「山轎」取代神轎，由人們抬著山轎遊行。

另一方面，福岡過去為武士町，第三代藩主黑田光之重視振興學問。受到黑田光之重用的儒學者貝原益軒寫了一本《養生訓》，記錄健康生活的養生心得，另一本著作《大和本草》也是知名農學書，在實用書領域留下不少傳世佳作。

一票勝出的地方政府名稱

明治維新後設置福岡縣，最初的縣廳設於福岡城內，以縣內的戶籍區劃來看，福岡為第一大區、博多為第二大區。一八七六（明治九）年這兩區實質統合，稱為「福博」。

一八八九（明治二十二）年實施市制後，地方政府的名稱定為福岡市，不料卻遭受熱愛博多名稱的市民強烈反彈。隔年，市議會提出改名為「博多市」的議案。投票結果，福岡派與博多派票數相同，但因為議長將票投給「福岡市」，才確定定名為福岡市。

由於福岡市民熱愛博多這個名稱，儘管機場命名為「福岡機場」，但JR站為「博多站」、港口則是「博多港」。

此外，現在的福岡縣廳不在過去的福岡城下，而是在博多區，那珂川西邊的天神是福岡市最大鬧區。簡單來說，過去的博多是行政地區，過去的福岡是商業地區，現在兩者立場互換。

近代以後的福岡發展和煤礦產業息息相關。進入二十世紀前後的那段時期，鄰近福岡市的糟屋郡和內陸的筑豐地區是日本最大的煤礦產區，福岡市郊人口急遽增加。

從福岡市東部延伸到內陸的JR香椎線、篠栗線，過去是從煤礦產區運送煤炭至博多港的運煤路線。戰後一九六〇年代以後，煤炭產業衰退導致許多運煤路線廢止，有幾條路線則是轉型為連結福岡市與附近臥城的通勤和上學電車使用。

二戰期間，幾乎日本大城都難逃空襲攻擊，福岡自然也不例外，遭到毀滅性的打擊。戰後復興的過程中發展出特有的屋台（攤販）文化，在那珂川與博多川之間的中洲形成熱鬧的屋台街。提起福岡的屋台，最有名的就是豚骨湯底的博多拉麵。有一說認為豚骨湯是從滿州歸來的廚師開發出來的湯底。

另一個福岡名產就是大名鼎鼎的辛子明太子（辣味明太子），參考在韓國常吃的魚卵泡菜製成，戰後逐漸普及於日本各地。

由此可見，福岡就連家喻戶曉的當地美食，也與過去和朝鮮半島、大陸密切交流的歷史緊緊相繫。

長崎

從出島傳入海外文化的港灣城市

隨處可見基督教會與中國式佛教寺院，洋溢異國風情的長崎屬於溺灣地形，適合建造天然良港，從中世紀即為繁榮的貿易港。

葡萄牙人在戰國時代後期進入日本，推廣基督教文化，江戶幕府成立後鎮壓基督教徒，規定西方商船只能跟出島的商館進行買賣。即使如此，長崎後來還是成為珍貴的外來文化發祥地。幕末時期，維新志士齊聚在長崎；明治以後，此處也建造了最新的造船廠。長崎可說是牽引日本近代化進程的重要港都。

在葡萄牙人要求下開港

長崎縣南部的長崎市擁有歷史悠久的貿易港，從幕末到明治時期不斷引進當時的尖端技術。二〇一五（平成二十七）年，長崎造船所的舊木型場、第三船渠、俗稱軍艦島的端島煤礦等設施被登錄為世界文化遺產。不僅如此，矗立在南山手町的哥德式大浦天主堂、出津教會堂、大野教會堂等教會建築群，也是長崎市爭取成為世界文化遺產的目標。

基督教信仰在長崎十分盛行，上述建築物是最具代表性的象徵，每一棟都是明治時代以後建造的。長崎是戰國末期全日本最多基督教徒聚集的地方，受到江戶幕府禁教與鎮壓的影響，基督教在兩百多年之後再次活躍於這塊土地上。

葡萄牙人造訪長崎、開始推廣基督教是在一五五〇（天文十九）年，最初入港的地方是長崎縣北部的平戶。長崎縣海岸屬於溺灣地形（譯註：因陸地下沉或海平面上升之故，在局部沉沒至海中之後所形成的崎嶇海岸線），適合建造天然良港，加上離朝鮮半島與大陸很近，自古就是海運興盛之地。中世紀的肥前國（今佐賀縣到長崎縣一帶）以武士團松浦黨的勢力最大。由於平戶離壹岐、對馬較近，松浦黨在鎌倉末期以後，以貿易中繼點平戶為中心，利用走私貿易或從事海盜行為，藉此累積財富。

葡萄牙人也開始在平戶從事貿易或傳教，但屢屢與僧侶發生衝突，松浦黨的黨首松浦隆信與葡萄牙人之間的關係極度不睦。

肥前大名大村純忠受洗為基督徒，其女婿長崎甚左衛門（純景）統治當時的長崎，這兩人支持葡萄牙人傳教，並於一五七一（元龜二）年，在當年只是個貧窮村落的深江浦興建港町。據傳深江浦位於狹長半島的前端，因此稱為「長崎」，開港後便沿用此名。

長崎港最大的特徵是位於西彼杵半島沿岸的細長形海灣深處，既可避開海浪，又有足夠的水深，適合大型船舶停靠。加上一出海灣即進入東海，交通十分方便。

雖說長崎市的地形適合建造良港，但海岸與山地相連，市區也有很多坡道。現在的長崎市內有一半的面積是斜度超過十五度的坡道，坡道上蓋滿民房，不利於騎乘自行車，因此許多市民以摩托車代步。

曾有一段時期是耶穌會領地

長崎開港前後，大村純忠在大川（今中島川）河口附近興建島原町、大村町、平戶町、橫瀨浦町、外浦町、文知町供基督徒居住。

這六座町位於山丘上，可俯瞰港口，許多從平戶與博多遭到放逐的基督徒群居此處。話說回來，長崎是貿易重地，可產生極大利益，因此受到當時九州西北部最大勢力龍造寺氏等人的覬覦。

由於這個緣故，六町周圍興建城牆保護。不僅如此，大村純忠為了擊退外敵入侵，確保與葡萄牙人貿易的權利，將六町捐贈給葡萄牙傳教士所屬的耶穌會。同為基督徒的大名有馬晴信也將浦上捐給耶穌會。長崎六町成為耶穌會領地後，除了興建教會等西洋建築，也籌辦小規模西式神學校與醫院。

不過，統治九州的豐臣秀吉發現基督徒增加得比想像中快，長崎成為耶穌會領地，葡萄牙人當起人口販子，販賣日本人，種種事情都讓他深感危機。一五八七（天正十五）年，豐臣秀吉發布伴天連追放令（限制基督教傳教與南蠻貿易的法令），將長崎納入公領，由鍋島直茂擔任代官，破壞教會。

儘管如此，豐臣秀吉依舊維持與葡萄牙商人間的貿易關係，持續擴張長崎市街。以最初六町為中心建構的大川與岩原川之間，沿海一帶稱為「內町」，其外側於一五九七（慶長二）年開始建設「外町」。

外町有一部分擴及岩原川北岸，東部橫跨中島川東西兩邊，整條河川直到河口總共架設十四座拱橋。如今保存下來的第十座橋，由於採用雙拱橋設計，因此又稱為「眼鏡橋」（第十橋），備受注目。

當時內町採用合議制（頭人中），由頭人（町年寄）等有力人士實施自治，維持居民的基督教信仰。

禁止基督教後仍維持自治體制

江戶時代以後，來自西班牙、英國、荷蘭、中國明朝的船隻陸續進入長崎港。德川幕府承襲豐臣秀吉時代的制度，將長崎當成直轄地，派遣相當於將軍代理人的長崎奉行統籌管理，唯有幕府簽發朱印狀（貿易許可證）的船隻才能進行交易。此為朱印船貿易。

德川家康沿襲豐臣秀吉的施政方針，禁止基督教傳教，卻默認教會在長崎的活動。

一六〇〇（慶長五）年，長崎人口達五千人，六年後增加五倍，增加的人口幾乎都是基督徒。

不料，基督徒大名有馬晴信被人告發企圖暗殺干涉貿易的長崎奉行長谷川藤廣，導致幕府更加警戒基督徒。一六一四（慶長十九）年，德川幕府發出「從日本驅逐全部傳教士」的命令，將各地傳教士聚集在長崎後，全部放逐至澳門與馬尼拉。

一六三五（寬永十二）年，日本人禁止坐船出國，外國船隻只能停靠長崎港。幕府在內町的大川河口面向海岬的前端，興建三千九百六十九坪（面積約為東京巨蛋的三分之一）的出島，隔離葡萄牙人。兩年後，長崎西部的島原發生島原之亂。由於居民不滿領主實施苛政，擁戴基督徒益田時貞（天草四郎）率兵起義，最後遭到幕府無情鎮壓。從此之後，幕府更是提高了對基督教的警戒心。

此後幕府嚴禁葡萄牙船隻靠岸，與西方的貿易往來轉向不積極宣揚基督教的荷蘭。將葡萄牙人逐出日本後，出島有一段時間成為無人島。一六四一（寬永十八）年，幕府將原本位於平戶的荷蘭商館遷至出島，確立了江戶幕府的鎖國體制。

為了在葡萄牙商船靠岸時予以追擊，幕府加強警備，在鄰近九州的長崎各藩設置倉庫，配置人員。儘管如此，在幕府直屬的長崎奉行監督之下，依舊維持由當地有力人士主導的自治體制。長崎成為防禦要塞，廢藩置縣後有一段時間不稱為「長崎縣」，而稱為「長崎府」。

⑱ 放置中國商船物資的倉庫。

⑲ 中國人住的房子。

現在的長崎市周邊地形（上）與江戶後期的長崎（下）

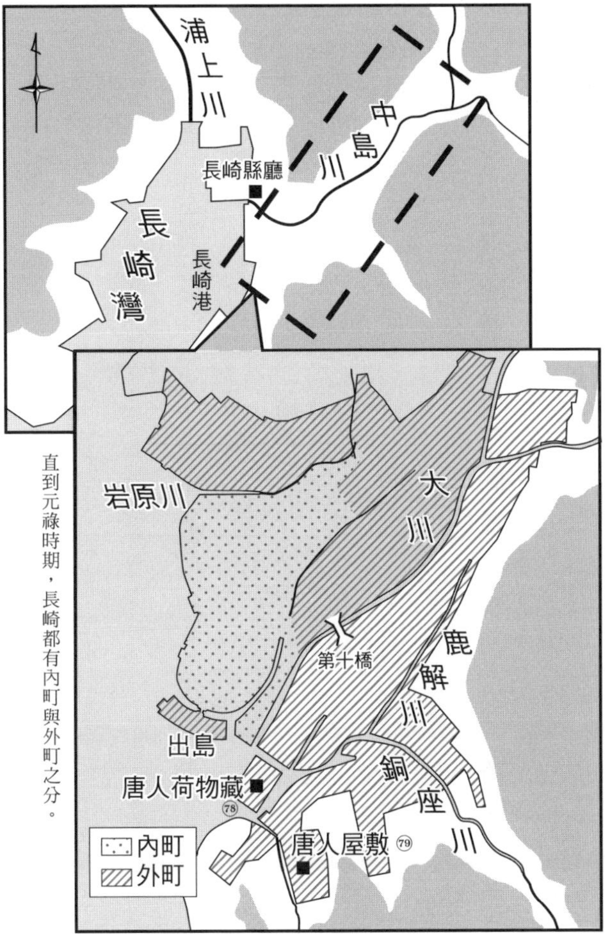

直到元祿時期，長崎都有內町與外町之分。

參考東京大學出版會《圖集　日本都市史》第一五五頁「長崎　享和二年　市街圖與町割」製作而成。

追求尖端文化而來的人們

一六六三（寬文三）年發生長崎大火，當時內町與外町共六十六町，其中有五十七町遭到燒毀。重建後內町有二十六町、外町有五十四町，同時拓寬道路，本通為八間（約九點五公尺）、橫通為六間（約七公尺）。

此街區重劃一直維持到幕末，過去的外町東部為現在的寺町一帶，此處仍保留著當時的街頭景緻。

明清兩朝有許多中國商人來到長崎，他們在現今的玉園町與鍛冶屋町分別興建聖福寺和崇福寺等中國式建築。為了與出島區隔，另外在外町南邊建造唐人屋敷，專供中國商人居住。之後更在唐人屋敷附近填海造地，讓定居日本的華僑在此居住，形成唐人街。

江戶後期，從荷蘭傳入的醫學、天文學等西洋科學，即所謂的蘭學，慢慢在日本普及，長崎就是蘭學的傳播中心。一八二四（文政七）年，前往荷蘭商館任職的德國醫師西博德（Philipp Franz Balthasar von Siebold）在長崎市鳴瀧開設鳴瀧塾，包括高野長英等許多學者都在此學習。

一八五四（安政元）年幕府開國之後，長崎也與箱館、橫濱一起開港。大浦海岸填海造地，變成外國人居留地，興建大浦天主堂與英國商人哥拉巴（Thomas Blake Glover）的宅邸。哥拉巴就是提供武器給倒幕武士的關鍵人物。

幕府在長崎開辦海軍傳習所，勝海舟等人是這裡的學生。不僅如此，前來學習蘭學的福澤諭吉，以及後來創辦三菱財團的商人岩崎彌太郎、參與倒幕運動的坂本龍馬、薩摩和長州志士們，當時都頻繁出入長崎。

近代以後隨著海軍一起發展

明治時代以後，橫濱與神戶逐漸成為貿易中心，長崎的外國人居留地由於維持費用過高，一八七六（明治九）年還給明治政府。

之後，以幕末興建的長崎鎔鐵所為基礎，建設了長崎造船所。長崎轉型為造船城市。一八八七（明治二十）年，三菱買下長崎造船所，在昭和初期建造「武藏」等戰艦。

進入明治後期，長崎市成為九州第一個開通市內電話的城市，長崎造船所引進日本首座發電用渦輪發動機，推廣先進技術。長崎自此成為工業城市。

然而，第二次世界大戰末期，一九四五（昭和二十）年八月九日，美軍在長崎市投下原子彈，超過七萬三千人罹難，造成無法挽回的悲劇。

本尾町的浦上天主堂雖然遭到原子彈損毀，後來經市民積極重建，留存至今。

鹿兒島

KAGOSHIMA

島津家創立的南九州新城市

古代鹿兒島縣一帶（薩摩國、大隅國）是原住民「隼人」的聚居區。由於兩萬多年前發生過普林尼式火山噴發⑧⓪，土壤遭到火山灰土（又稱白砂或白州）覆蓋，不適合耕稻農作。

中世紀統治薩摩、大隅的島津家積極與琉球（琉球位於廣闊的南海，交通十分方便）和大陸通商，在鹿兒島設置城下町。薩摩藩即使是下級武士也擁有實務能力，積極引進最新技術，可說是明治維新的重要推手。

⑧⓪火山噴發的一種，特徵是噴射到平流層的火山氣體及火山灰，最特別的是噴發大量的浮岩及非常劇烈的氣體爆發。

市區裡有一個巨大的活火山

鹿兒島市的地形特徵就是坐落在鹿兒島灣（錦江灣）的櫻島。全日本縣廳所在地的大城市中，鹿兒島市最接近活火山。由於這個緣故，若將洗好的衣服晾在戶外，沒多久就會附著一層火山灰。

不過，根據歷史記載，從室町時代的文明年間（一四六九～一四八七年）到江戶時代一七七九（安永八）年為止，火山並未出現大規模噴發。鹿兒島的市街直到江戶初期才真正開始著手建設。

律令時代設置的薩摩國府不在現今的鹿兒島市，而是在鹿兒島縣西邊的薩摩川內市。

「隼人」是古代南九州的原住民，大和王權時期被和人當作異族人看待。奈良時代以前，不時與朝廷軍隊發生衝突。薩摩與大隅在朝廷眼中屬於偏遠邊境，十一世紀朝廷開始在這一代開墾，興建藤原氏的莊園「島津莊」。

一一八五（文治元）年，源賴朝任命惟宗（島津）忠久擔任薩摩、大隅、日向（今宮崎縣）守護，雖然他之後因比企氏叛亂遭連坐處罰，大隅、日向領地遭到收回，仍舊以薩摩守護的身分統治島津莊，自此改姓島津。不過，十四世紀的南北朝時代之後，才建立起島津氏長期居住在南九州的體制。

南北朝動亂中親近北朝的島津氏，攻打南朝矢上氏的據點東福寺城，後來在偏內陸的地方建設清水城。之後又在上町，也就是現在的鹿兒島車站東北部一帶建構城下町。

透過河川改道與圍墾擴展城下町

儘管鹿兒島有活火山櫻島，但前往鹿兒島灣對岸大隅的交通十分便利，其他地區的勢力也不容易入侵，加上地理位置很適合與琉球（今沖繩）、大陸通商。島津家善於利用鹿兒島地理環境的優勢，逐漸發展起來。

室町時代島津元久上洛期間，將虎皮、麝香、砂糖等珍貴舶來品獻給第四代將軍足利義持，讓都城的人大開眼界。一五四三（天文十二）年，明朝的走私貿易商將葡萄牙人發明的鐵砲（火繩槍）傳入種子島，島津家很早就將火繩槍運用於實戰之中。戰國時代末期，島津氏企圖統治整個九州地區，卻因羽柴（豐臣）秀吉進攻而受阻。

島津氏在這段期間於今鹿兒島市大龍町興建內城，但城池結構相當簡單，防禦力

鹿兒島市與櫻島的位置（上）、現在的鹿兒島市周邊圖（下）

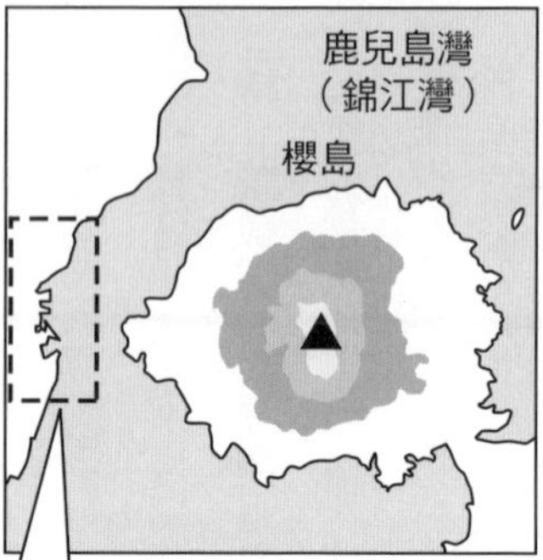

鹿兒島市區距離噴煙的南岳山頂火口僅十公里。

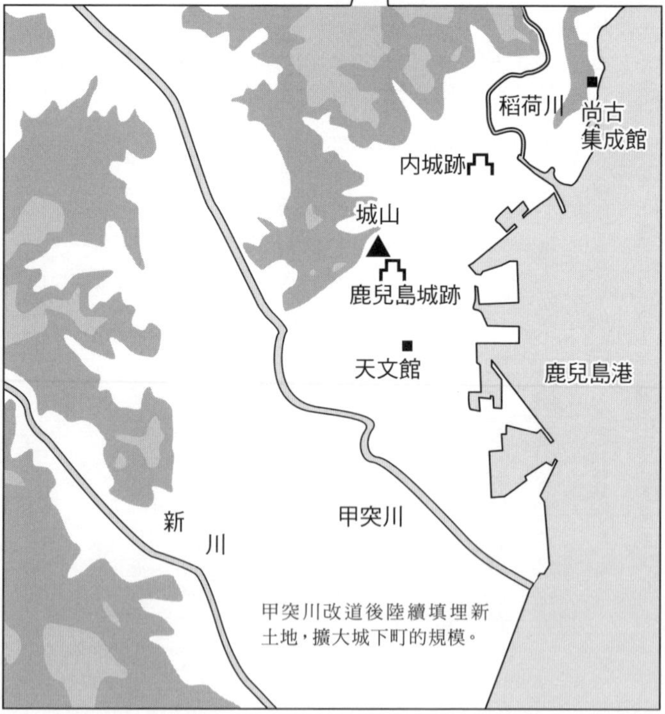

甲突川改道後陸續填埋新土地，擴大城下町的規模。

不高。由於這個緣故，關原之戰後，島津忠恆（家久）考慮遷移城池，最後決定遷至城山南麓。島津忠恆的父親島津義弘認為城山南麓離海太近，敵人容易從海上進攻，因此大力反對，但島津忠恆還是決意興建新的城下町。

一六〇一（慶長六）年，鹿兒島城（鶴丸城）開始動工。鹿兒島城沒有天守，與內城一樣防禦系統相當簡易，將八重山甲突池的源流甲突川作為外護城池。甲突川的河口原本位於現在的鹿兒島市中町俊寬堀一帶．後來經過多次的河川改道工程，河道改向西南，再利用填海造地的方式擴大城下町，在海岸興建港口。

鹿兒島的城下町以鹿兒島城為中心，北邊為「上方限」、南邊為「下方限」。上方限從清水城時代就是城下町所在區域，下方限新蓋了一群中下層武士居住的房屋。此外，往甲突川右岸擴張的地區稱為西田。

此外，還從東邊大口筋與西邊出水筋，鋪設了延伸至鹿兒島的薩摩街道。

江戶中期享保年間（一七一六～一七三六年），霧島山新燃岳噴發，火山灰飄散至大隅半島方向的大部分地區，導致農業人口減少，陸續遷入薩摩半島一帶，鹿兒島城下町周邊的人口愈來愈多。

與琉球通商受到飲食文化影響

鹿兒島城下町的最大特徵，就是居民大部分都是武士（包含鄉士在內）。武士占薩摩藩總人口的四分之一。由於島津氏曾經統治九州大部分地區一段時間，因此家臣數量相當龐大。鹿兒島町和鄰近地區的下級武士學會各種專長，平時也會務農。

城下町所在的大隅半島與對岸的薩摩半島的大部分地區，屬於「白砂台地」地質。兩萬多年前位於鹿兒島灣的姶良破火山口發生大噴發，噴出大量火山灰與輕石，堆積出白砂層。這類土壤的保水性差，養分也很少，不適合農耕。薩摩藩雖有七十七萬石，但實質石高只有四十萬石左右。

由於這個緣故，此地種植貧瘠土壤也能存活的甘薯，後來普及全國，這也是番薯日文名「薩摩芋」的由來。番薯原產於南美，透過與大陸和琉球通商傳入日本。此外，江戶時代的日本幾乎沒有吃肉的習慣，但鹿兒島從戰國時代豢養肉豬，這是受到琉球文化的影響。

薩摩藩為了彌補農業生產不足的現況，將琉球納入自己的領地，實施特別貿易，積極融入海外文化。即使幕府宣布鎖國也維持自己的作風。舉例來說，熱衷蘭學的第八代藩主島津重豪於一七七九（安永八）年建設天文館，引進歐洲天文觀測技術，從事曆法與天體研究。天文館遺跡一帶在大正時代以後，成為鹿兒島最具代表性的鬧區。

一百年間三次重整

於幕末時期的一八五一（嘉永四）年當上藩主的島津齊彬，在現今的吉野町興建尚古集成館，領先全國建造西式造船廠與鎔礦爐。這些設施於二〇一五（平成二十七）年成為世界文化遺產。

島津齊彬用人唯才，拔擢當時只是下級藩士的西鄉隆盛、大久保利通擔任要職。這兩人日後與長州藩志士一起成功倒幕，領導明治維新後的新政府。

另一方面，鹿兒島的市街多次遭遇戰火。一八六三（文久三）年爆發薩英戰爭（鹿兒島砲擊事件），英國艦隊從海上射擊大砲，燒毀部分市街。維新後爆發的西南戰爭又遭到政府軍反擊，西鄉隆盛在城山切腹自殺。

自然災害也造成鹿兒島市龐大損失。一九一四（大正三）年，櫻島火山大噴發，超過兩千棟民宅受災。此時流出的熔岩連接起櫻島與大隅半島。另外，第二次世紀大戰末期鹿兒島市也未能倖免於難遭受空襲，高達九成三的市區燒成了灰燼。屋漏偏逢連夜雨，終戰之後櫻島火山再次大噴發。

鹿兒島市從一九六〇年代高速經濟成長期後，城市居民愈來愈多，住宅區從平原擴展至白砂台地。二〇〇四（平成十六）年，九州新幹線開通，鹿兒島市以鹿兒島中央車站為中心再次開發，展現欣欣向榮的景象。

那霸

NAHA

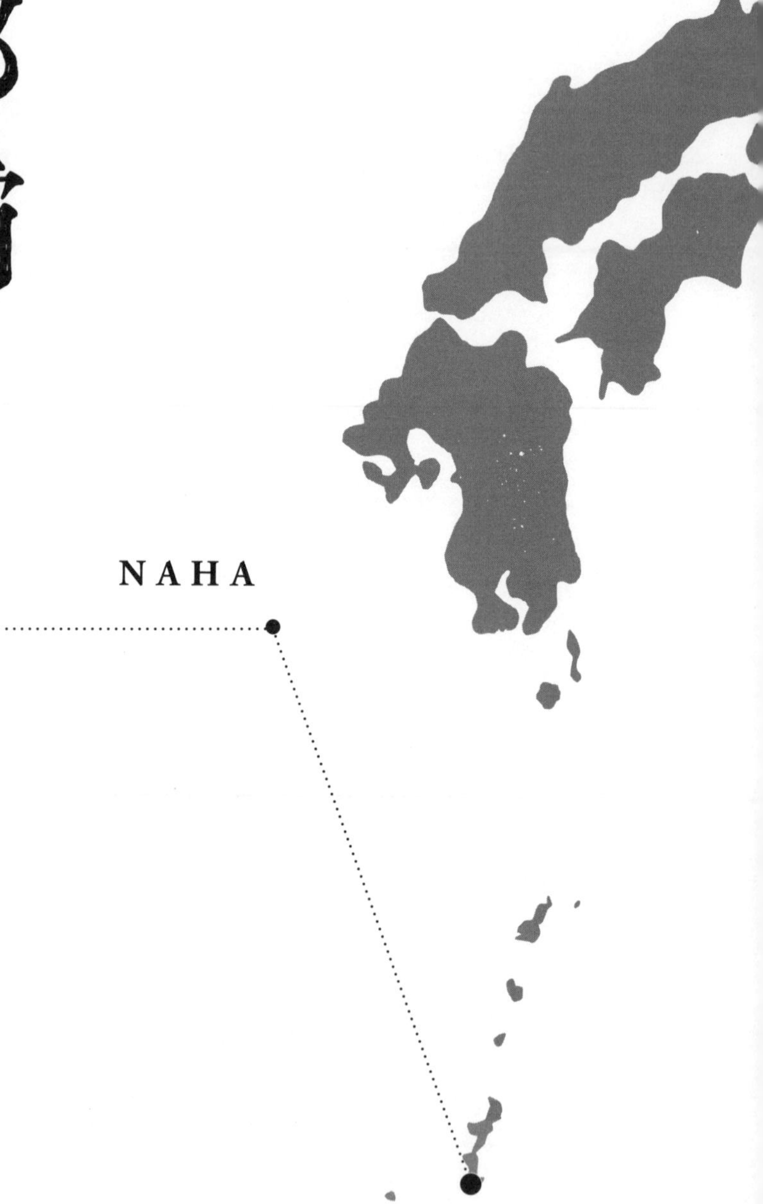

因居間貿易而興盛的琉球王朝首都

沖繩本島位於琉球群島的中央，自古就是日本列島與大陸、東南亞通商貿易的中繼點。沖繩擁有與本島截然不同的文化，十五世紀琉球王朝成立，以首里為王府，位於首里西邊的那霸成為繁榮的貿易港。第二次世界大戰末期，沖繩全島成為激戰區，如今包括現在重建的首里城在內，許多觀光客深受其獨特文化吸引，一探沖繩的真面目。

洋溢異國風情的首里城

首里城是那霸市最具代表性的觀光名勝。第二次世界大戰末期因空襲燒毀，於一九九二（平成四）年重建，煥然一新。

首里城位於海拔約一百三十公尺的山丘，可俯瞰那霸市。外觀以紅色為基調，這在日本其他地區的城池十分少見。正殿有屋頂與樑柱等構造，加上沖繩（琉球）獨特的建築風格，融合日本風與中國風元素，可說是如實反映沖繩歷史與文化的建築物。

包含首里城在內的那霸一帶的地質很特殊，海底泥土變硬後形成島尻層泥岩，上面又覆蓋一層由生物化石與貝殼形成的石灰岩與珊瑚礁地層。琉球石灰岩含有大量氣泡，不易蓄熱，外觀看起來也很漂亮，大量運用在首里城等建築物上。

沖繩位於東海的琉球群島上，形成與日本本島截然不同的文化，自古就是大陸、東南亞與日本通商貿易的中繼站。平安時代，平泉（今岩手縣平泉町）就從遙遠的琉球群島進口產自沖繩的夜光貝飾品。

「琉球」是沖繩的古名，當時中國隋朝的史書出現過這個名稱，但史書中所說的「琉球」很可能是臺灣。日本從平安時代就有「おきなは（OKINAWA）」這個稱呼，但語源不明，漢字也有「沖那波」、「惡鬼納」的寫法。江戶時代漢學者新井白石首次使用「沖繩」這兩個字。有人說那霸語源來自「漁場」（日文讀音相同），但也沒有定論。

沖繩長期處於小國分立的狀態，十四世紀沖繩本島統整為北山、中山與南山三大勢力。一四二九（正長二／永享元）年，中山出身的尚巴志滅了南山，統一三山。將據點從浦添移至首里，興建王城。一般認為此次遷都是因為連接首里的那霸港是繁榮的貿易港口。

尚巴志建立的第一尚氏王朝持續了七代，一四六九（應仁三／文明元）年尚氏重臣金丸繼位，成立第二尚氏王朝。

第二尚氏王朝的第三代王尚真王，要求沖繩各地的掌權者按司遷至首里居住，迫使他們遠離自己的地盤。設置三個名為「平等」的行政區域，沖繩北部出身者住在「北之平等」，中部出身者住在「南風之平等」，南部出身者住在「真和志之平等」，各區域都有官廳。此外，沖繩的古語中，北的讀音為「NISHI」（與現代日文「西」的讀音相同）。

那霸是一座用大橋與首里連結的島嶼

尚真王時代開始建設王城周邊。首里城採用傳統中國王朝的王城建築，融入風水觀點。不過，城下町不像唐朝首都長安或京都平安京，採用棋盤狀都市計畫，而是直接利用山坡等傾斜地形，道路曲折蜿蜒。在尚真王的繼任者尚清王時代，興建了首里城的正門「守禮門」。

事實上，當時的那霸是一座島嶼。王朝蓋了一座巨型拱橋「長虹堤」，連結首里與那霸。長虹堤長約一公里，可說是海上道路。江戶時代後期知名的浮世繪師葛飾北齋，根據清朝書籍《琉球國志略》描繪「琉球八景」，其中就有一幅長虹堤的畫作。

現為長虹堤的崇元寺跡到美榮橋一帶全是海埔新生地，沖繩都市單軌電車線下方有一座小橋，名為牧志長虹橋，該處有長虹堤遺跡。

那霸港的出入口由南往北依序是，朝宮古島方向開的「宮古口」、朝中國王朝方向開的「唐口」，以及朝日本方向開的「倭口」。

現在的那霸市久米一帶離海岸很近，十四世紀末的明朝時代有一座中國城，那裡的居民都是從現在的福建省過去的華僑。

這些華僑歸化沖繩後，稱為久米三十六姓，傳入中國大陸做生意的習慣、造船技術、航海技術與儒學，對雙邊通商做出極大貢獻。久米還有華僑祭祀孔子的孔廟。

現在的那霸市東町鄰近久米，該地有一座天使館，提供中國王朝正式派遣的使節──「冊封使」一行約五百人住宿。明治維新後，此處改為那霸市公所，卻不幸於戰爭中燒毀。

那霸一帶有沖繩的傳統住宅，最大特色就是家家戶戶都有石牆。由於中國王朝的住宅都有圍牆或城牆，這一點與中國王朝的住宅習慣相當接近。安置在民宅屋頂的鎮風辟邪物風獅爺源自中國道教，從十七世紀開始普及。

中世紀的尚氏政權雖獨立於日本的中央政權，但一六〇九（慶長十四）年遭到島津氏侵略，此後納入薩摩藩領地。薩摩藩在現在的那霸市西邊面向國場川河口，設置了琉球在番奉行，派遣奉行常駐，監督貿易活動。

另一方面，基於過去與中國王朝之間的關係，在清朝取代明朝統治中國後，尚氏政權仍臣屬於清朝。

過去的那霸港除了轉賣從大陸進口的陶瓷器、絹織物至朝鮮半島或東南亞，也將東南亞產的香木和珠寶飾品轉賣至大陸，並將日本刀轉賣至東南亞，賺取龐大利益。

江戶中期的那霸與首里（上）與首里城（下）

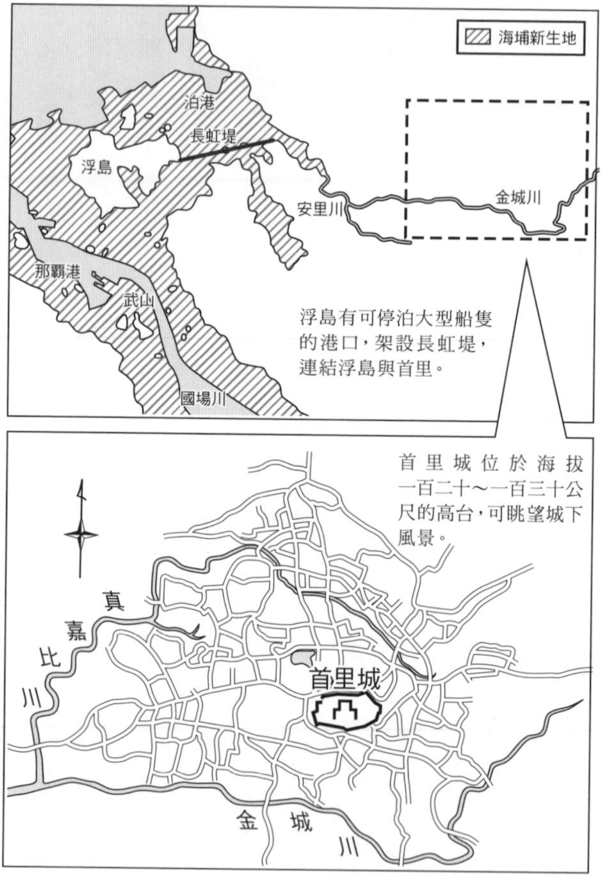
海埔新生地
泊港
長虹堤
浮島
安里川
金城川
那覇港
武山
國場川
浮島有可停泊大型船隻的港口，架設長虹堤，連結浮島與首里。
首里城位於海拔一百二十～一百三十公尺的高台，可眺望城下風景。
真嘉比川
首里城
金城川

參考東京大學出版會《圖集　日本都市史》第一八五頁「首里的地形與水系」圖片製作而成。

不過，這些商業利益全被薩摩藩奪走，加上幕府明訂禁止與清朝以外的國家通商，導致那霸一時之間失去了舞台。

十八世紀後，近畿地方的廻船問屋(81)擴展了海運網絡，串聯日本南北，在蝦夷地（北海道）採收的昆布等海鮮，從那霸出口到清朝。受惠於發達的交易網路，沖繩特有的炒細絲料理（イリチー）使用了琉球群島所沒有的昆布，類似的情形屢見不鮮。

納入日本與成立沖繩縣廳

十九世紀中期歐美列強入侵亞洲，日本處於鎖國狀態，列強的首要目標便是琉球。

一八四四（天保十五／弘化元）年，法國印度支那艦隊停靠沖繩，提出通商請求。尚氏政權拒絕這項提議，但當時有多名傳教士留在那霸。早在江戶幕府開國的十年前，

(81)船主和貨主的仲介商。

歐洲人已在那霸居住。

一八五三（嘉永六）年五月，美國東印度艦隊司令官培理在入港浦賀前，先來到那霸。尚氏政權以各種理由迴避談判，但最後還是於隔年七月簽訂《琉美修好條約》。這與同年簽訂的《神奈川條約》不同，這代表歐美各國認為當時的沖繩不受江戶幕府管轄，屬於獨立政權。

不過，明治維新後新政府想將沖繩正式納入日本領土，在本土實施廢藩置縣後，又在沖繩設置「琉球藩」。尚氏政權的主流派希望按照慣例，維持同時臣服日本與清朝的體制，但明治政府於一八七九（明治十二）年宣布，派遣內務官僚與士兵進駐那霸，設置「沖繩縣」。自此之後，沖繩開始使用日本的年號。明治政府賦予尚氏王族爵位，讓他們在東京生活。

沖繩縣廳一開始設置在薩摩藩建構的琉球在番奉行所遺址，一九二〇（大正九）年起，遷移至現在的那霸市泉崎。

明治時期以後，舊王城首里逐漸發展為廣設學校的文教區與住宅區，有港口的那霸則成為繁榮的商業地區。戰後一九五四（昭和二十九）年，首里被編入那霸市。

二十一世紀後重開鐵道成為軍事基地

第二次世界大戰末期，沖繩縣爆發日本當地唯一與美軍進行的地面戰，遭受極大災害。陸軍司令部的地堡設置在首里城，此處也因大砲攻擊完全毀滅。

戰後美軍持續占領沖繩，直到一九七二（昭和四十七）年沖繩政權移交為止，那霸市區有三成地區受到美軍管理。

行經那霸市區的國道五十八號是一條六線道大馬路，美軍占領期間，這條路稱為軍用道路一號，從那霸軍港連結普天間基地與嘉手納基地。為了方便戰車等重車輛行走，美軍特地拓寬道路，形成現在的模樣。

縣廳北口的十字路口前方一帶不屬於美軍占領區，此處有一座厄內・派爾國際劇場，因此稱為「國際通」。戰後積極重整，出現許多露天商店，成為戰後振興的象徵。由於十分繁榮，故以街道全長為名，稱為「奇蹟的一英哩」。現在是全那霸最熱鬧的商店街。

那霸市內戰前即有沖繩縣營鐵道運行，戰後鐵道遭到破壞，有一段時間沒有火車可坐。政權移交後，計畫興建都市單軌電車線，但居民在戰後已習慣搭乘巴士或開車，沖繩縣政府無法確定是否能受到居民支持，使得這項計畫遲遲無法實現。直至二〇〇三（平成十五）年沖繩都市單軌電車線（暱稱 Yui-Rail）終於通車，如今已成為那霸市民與觀光客最愛用的代步工具，為那霸市區注入活力。

主要參考文獻

《圖集　日本都市史》高橋康夫・吉田伸之・宮本雅明・伊藤毅編輯（東京大學出版會）／《日本街道手冊新版》竹內誠（三省堂）／《日本地圖史》金田章裕・上杉和央（吉川弘文館）／《札幌文庫　薄野》札幌市教育委員會編（北海道新聞社）／《札幌文庫　札幌事始》札幌市教育委員會編（北海道新聞社）／《札幌文庫　札幌風土記》札幌市教育委員會編（北海道新聞社）／《函館檢定官方教科書　第六版》函館商工會議所／《北海道的歷史散步》北海道高等學校日本史教育研究會編（出川出版社）／《平泉　甦醒的中世紀城市》齊藤利男（岩波書店）／《伊達政宗　用野心上色的獨眼龍一生》相川司（新紀元社）／《圖說　幕末戊辰西南戰爭》（學研）／《福島縣的歷史》丸井佳壽子・工藤雅樹・伊藤喜良・吉村仁作（出川出版社）／《跟著江戶古地圖在東京散步》ROM INTERNATIONAL編（河出書房新社）／《江戶是這樣蓋出來的》鈴木理生（筑摩學藝文庫）／《江戶之川・東京之川》鈴木理生（井上書院）／《橫濱一百五十年的歷史與現在　開港場物語》橫濱開港資料館（明石書店）／《鎌倉・橫濱・湘南今昔漫步地圖帖》井口悅男（學研Visual新書）／《橫濱解謎散步》小市和雄監修（新人物文庫）／《神奈川的歷史　第二版》神崎彰利・大貫英明・福島金治・西川武臣（山川出版社）／《漫步中世紀都市鎌倉》松尾剛次（中公新書）／《江戶寺社巡禮　鎌倉・江之島・伊勢神宮》原淳一郎（吉川弘文館）／《歷史群像　名城系列八　小田原城　掌握關東入口的武略與治世之城》（學習研究社）／《長野縣的歷史散步》長野縣的歷史散步編輯委員會（山川出版社）／《御柱　諏訪大社御柱祭的一切　改訂版》（信州・市民新聞集團）／《長野縣的歷史　第二版》古川貞雄・福島正樹・井原今朝男・青木歲幸・小平千文（山川出版社）／《長野縣解謎散步》小松芳郎（新人物文庫）／《新潟縣立歷史博物館　常設展示圖錄》／《愛知縣的歷史散步　上　尾張》愛

知縣高等學校鄉土史研究會（山川出版社）／《愛知縣的歷史　第二版》梅村喬・渡邊正男・加藤益幹・桐原千文・西田真樹・岸野俊彥・津田多賀子・三鬼清一郎（出川出版社）／《愛知縣的不思議事典》池田芳雄（新人物往來社）／《名古屋十話》中日新聞社編（中日新聞社）／《這樣好嗎？　日本特別地區　愛知縣名古屋市》澤村慎太郎・記者網路名古屋（MICROMAGAZINE社）／《三重縣解謎散步》矢野憲一（新人物文庫）／《三重縣的歷史散步》三重縣高等學校日本史研究會（山川出版社）／《三重縣的歷史　第二版》稻本紀昭・駒田利治・勝山清次・飯田良一・上野秀治・西川洋（山川出版社）／《發現！三重的歷史》三重縣史編纂集團（新人物往來社）／《圖說伊勢神宮》松平乘昌編（河出書房新社）／《伊勢參拜》矢野憲一・宮本常一・山田孝雄（新潮社）／《日本歷史三　奈良之都》青木和夫（中公文庫）／《今井町史》今井町史編纂委員會／《大阪　都市形成的歷史》橫山好三（文理閣）／《寺內町研究　第一卷　戰國社會與寺內町》峰岸純夫・脇田修監修　大澤研一・仁木宏編（法藏館）／《寺內町研究　第二卷　寺內町的系譜》峰岸純夫・脇田修監修　大澤研一・仁木宏編（法藏館）／《大阪市的歷史》大阪市史編纂所編（創元社）／《堺的歷史　都市自治的源流》朝尾直弘・榮原永遠男・仁木宏・小路田泰直（角川書店）／《平安京－京都　都市圖與都市構造》金田章裕編（京都大學學術出版會）／《千年之都　平安京的生活》鳥居本幸代（春秋社）／《庶民們的平安京》繁田信一（角川選書）／《京都〈千年之都〉的歷史》高橋昌明（岩波新書）／《兵庫縣的不思議事典》有井基・大國正美・橘川真一（新人物往來社）／《兵庫縣的歷史散步　神戶　阪神　淡路》兵庫縣的歷史散步編輯委員會（山川出版社）／《兵庫縣的歷史》今井修平・小林基伸・鈴木正幸・野田泰三・福島好和・三浦俊明・元木泰雄（山川出版社）／《漫步神戶歷史　海邊、街道與山》藤井勇三（神戶新聞綜合出版中心）／《神戶外國人居留地　日本紀事報禧年紀念刊》堀博・小出石史郎譯（神戶新聞綜合出版中心）／《廣島縣的歷史散步》廣島縣的歷史散步編輯委員會（山川出版社）／《廣島縣的歷史　第二版》岸田裕之・室山敏昭・西別府元日・秋山伸隆・中山富廣・賴祺一・兒玉正昭・宇吹曉（山川出版社）／《廣島縣的不思議事典》松井輝昭・池田明子（新人物往來社）／《名族大內氏的盛衰》利重忠（新人物往來社）／《圖說　山口縣的歷史》八木充編（河出書房新社）／《愛媛縣的不思議事典》內田九州男・武智利博・寺內浩（新人物往來社）／《愛媛縣的歷史　第二版》內田九州男・寺內浩・川岡勉・矢野達雄（山川出版社）／《大學的福岡・博多指南　講究的漫步方法》高倉洋彰・宮崎克則（昭和堂）／《福岡縣的歷史　第二版》川添昭二・武末純一・岡藤良敬・西谷正浩・梶原良則・折田悅郎（山川出版社）／《福岡城物語》朝日新聞福岡本部（葦書房）／《江戶的博多與町方眾》朝日新聞福岡本部（葦書房）／《博多解謎散步》石瀧豐美編（新人物文庫）／《福岡市歷史散策　地區別全域指南》福岡地方史研究會（海島社）／《福岡縣的歷史散步》福岡縣高等學校歷史研究會（山川出版社）／《港市論》安野真幸（日本Editors School出版部）／《長崎縣解謎散步》原田博二・福田八郎・小松勝助（新人物文庫）／《長崎縣的歷史　第二版》瀨野精一郎・新川登龜男・佐伯弘次・五野井隆史・小宮木代良（山川出版社）／《長崎縣的歷史散步》長崎縣高等學校教育研究會地歷公民部會歷史分科會（山川出版社）／《鹿兒島縣的不思議事典》今吉弘（新人物文庫）／《鹿兒島縣的歷史散步》鹿兒島縣高等學校歷史部會（山川出版社）／《鹿兒島縣的歷史　第二版》原口泉・永山修一・日隈正守・松尾千歲・皆村武一（山川出版社）／《沖繩縣解謎散步》下川裕治・仲村清司（新人物文庫）／《沖繩縣的歷史　第二版》安里進・高良倉吉・田名真之・豐見山和行・西里喜行・真榮平房昭（山川出版社）／《沖繩縣的百年》金城正篤・上原兼善・秋山勝・仲地哲夫・大城將保（山川出版社）／《沖繩的素顏　和英兩文100 Q&A》新崎盛暉（Techno）

※其他請參考日本各地方政府官網。

日本·城市力：從 30 座城市解讀日本史 / 金田章裕監修；造事務所編集；游韻馨譯. -- 初版. -- 新北市： 臺灣商務， 2018.07
面 ； 公分
譯自：30の都市からよむ日本史
ISBN 978-957-05-3154-1(平裝)
1. 日本史 2. 都市
731.1 107010125

Ciel

日本·城市力：從 30 座城市解讀日本史
30の都市からよむ日本史

監　　修—金田章裕
編　　集—造事務所
譯　　者—游韻馨
發 行 人—王春申
總 編 輯—李進文
編輯指導—林明昌
責任編輯—王育涵
封面設計—高茲琳
版型設計—吳郁嫻
業務經理—陳英哲
行銷企劃—葉宜如
出版發行—臺灣商務印書館股份有限公司
23141 新北市新店區民權路 108-3 號 5 樓（同門市地址）
電話：(02)8667-3712　傳真：(02)8667-3709
讀者服務專線：0800056196
郵撥：0000165-1
E-mail：ecptw@cptw.com.tw
網路書店網址：www.cptw.com.tw
Facebook：facebook.com.tw/ecptw

30 TOSHI KARA YOMU NIHONSHI
Copyright ©2017 Akihiro Kinda, OFFICE ZOU
All rights reserved.
Originally published in Japan by Nikkei Publishing Inc.，
Chinese (in traditional character only) translation rights arranged with
Nikkei Publishing Inc.，through CREEK & RIVER Co., Ltd.

局版北市業字第 993 號
初版一刷：2018 年 7 月
定價：新台幣 380 元
法律顧問—何一芃律師事務所
有著作權·翻印必究
如有破損或裝訂錯誤，請寄回本公司更換